Enseñanza que
TRANSFORMA

Ronald G. Held

DEDICADOS A LA EXCELENCIA

EDITORIAL VIDA es un ministerio misionero internacional cuyo propósito es proporcionar los recursos necesarios para evangelizar con las buenas nuevas de Jesucristo, hacer discípulos y preparar para el ministerio al mayor número de personas en el menor tiempo posible.

ISBN 0-8297-2031-6
Categoría: Educación cristiana

Este libro fue publicado en inglés con el título
Teaching that makes a difference por Ronald G. Held

© 1992 por Gospel Publishing House

Traducido por Wendy Bello y Darío Izquierdo

Edición en idioma español
© 1995 EDITORIAL VIDA
Deerfield, Florida 33442-8134

Reservados todos los derechos

Fotografía por John F. Coté

Cubierta diseñada por Ana Bowen

Índice

Prefacio 5

1. El propósito de la enseñanza bíblica ... 9
2. La vida personal del maestro............... 24
3. La vida profesional del maestro 42
4. El alumno y la enseñanza bíblica........ 60
5. El plan para una enseñanza bíblica
   eficaz.. 76
6. La esencia de la enseñanza bíblica eficaz. 92
7. Aspectos prácticos de la enseñanza
   bíblica 107
8. La enseñanza bíblica para los niños.... 130
9. La enseñanza bíblica para jóvenes
   y adultos.. 145
10. Las prioridades de la enseñanza bíblica.. 161
11. Bibliografía 175

Prefacio

La Escuela Dominical está tan arraigada en nuestras tradiciones como el césped en la tierra y confiamos en ella como en el amor de una madre. Sus contribuciones a la iglesia son varias: la transferencia de los valores espirituales y morales fundamentales para la vida de generación en generación, la enseñanza sistemática y consecuente de la Biblia, y la agrupación por edades para contribuir al desarrollo de las relaciones personales. La Escuela Dominical también fortalece nuestra sociedad a través de la enseñanza de la ética y la moral, y el establecimiento de las relaciones personales con Dios y nuestros semejantes.

Debemos mantener los sólidos principios de la educación cristiana sobre los cuales se han fundado las escuelas dominicales a través de los tiempos. Los principios son universales; nunca están fuera de lugar o pasados de moda. Sin embargo, el empleo de nuevos métodos pudiera resultar más eficaz cuando se trata de relacionar la verdad de las Escrituras con la vida de nuestros alumnos.

La simple repetición de tradiciones es insuficiente, pues la sociedad está sujeta a cambios y las personas tienen diferentes necesidades; sin embargo, Dios, en su Palabra, ofrece la respues-

6 Enseñanza que transforma

ta: tenemos que dejar que Dios nos use para proporcionar soluciones bíblicas a esos problemas y necesidades. Dios nos ayuda a permanecer fieles a las verdades bíblicas y dar validez a los conceptos educativos a la vez que nos da libertad para aceptar nuestros estilos y métodos de enseñanza según varíen las necesidades de nuestros alumnos, así como las circunstancias.

Uno de los retos fundamentales para la Escuela Dominical de hoy es acrecentar el ministerio de la enseñanza. Tenemos que reconocer que la enseñanza es un don para la iglesia y un llamamiento de Dios. Cuando le demos a la enseñanza su lugar correspondiente dentro de la iglesia, el maestro será considerado con más aprecio por los alumnos, la congregación e, incluso, del propio maestro. Los maestros producen cambios. Como tales, debemos reconocer nuestra función vital en la iglesia.

En *Enseñanza que transforma* el pastor Ronald Held nos ofrece una de las formas más prácticas para que el maestro sea más apreciado, y esto es a través del incremento de su eficiencia. Lea y estudie el texto detenidamente. Permita que los conceptos prácticos y espirituales que éste ofrece cambien la manera *como* y el *por qué* usted enseña. El estudio del desarrollo por edades le facilitará una mejor comprensión de las necesidades individuales de sus alumnos.

Según usted vaya conociendo una nueva metodología de la enseñanza, se encontrará ante el reto de convertirse en una persona más creativa. El uso de los métodos didácticos variados aumenta la motivación natural del alumno para aprender.

El adiestramiento aparejado con un compromiso personal lo convertirá en un instrumento más eficiente que el Espíritu Santo usará para cambiar la vida de sus alumnos. Dios en realidad hará de usted un maestro "diferente".

George Edgerly
Secretario del Departamento de Escuela Dominical
Asambleas de Dios, Estados Unidos

1

El propósito
de la enseñanza bíblica

Se ha dicho que aquel que conozca el "cómo" siempre tendrá trabajo, pero siempre trabajará para aquel que conozca el "por qué". De manera que es muy importante que como maestros de la Biblia sepamos cómo emprender nuestra tarea de enseñar las verdades imperecederas de la Santa Palabra de Dios. Este libro se concentra en su mayor parte en los aspectos prácticos de la enseñanza bíblica. Sin embargo, vamos a comenzar este capítulo introductorio con algo más básico y que es, en cierto sentido, más importante: la comprensión de nuestro propósito en la enseñanza bíblica.

NUESTRA MISIÓN Y PROPÓSITO

Como líderes y maestros de la Escuela Dominical somos muy propensos a conocer más acerca de los "cómo", que de los "por qué" y "porque". Incluso en ocasiones estamos tan inmersos en nuestro trabajo para el Señor que perdemos de vista la razón de nuestros esfuerzos. Vamos a comenzar entonces analizando algunos de los propósitos más importantes de los ministerios de enseñanza de la Biblia dentro de la iglesia local

10 Enseñanza que transforma

y para esto nos concentraremos en la función de la Escuela Dominical en particular.

Un problema de equilibrio

A veces me preguntan si el ministerio principal de la Escuela Dominical es evangelístico o educativo y mi respuesta ha sido siempre afirmativa. El propósito de la Escuela Dominical es tanto evangelístico como educativo. Tal vez le parezca un poco ambiguo, pero esa no es mi intención. El asunto del propósito no es un problema de evangelismo o educación porque la Escuela Dominical tiene ambos propósitos. Ambos son esenciales si nuestra enseñanza persigue un cambio en la vida de las personas.

Esteban Rexroat define la Escuela Dominical como "un esfuerzo mediante la educación para el evangelismo". Con respecto al crecimiento de cierta iglesia en Rockford, Illinois, el antiguo pastor Ernest J. Moen señala: "El evangelismo y la educación son las dos alas del aeroplano, ambas son indispensables. Uno gana a las personas para Cristo, pero después tiene que enseñarles."

La Escuela Dominical tiene que ser evangelística porque su propia vida depende de eso. A partir del momento en que se vuelva un círculo cerrado, pierde su sentido y motivación. Las investigaciones realizadas por varias organizaciones especializadas en el crecimiento de la iglesia indican que la diferencia fundamental entre las iglesias con rápido crecimiento y aquellas cuyo desarrollo declina, es el grado de énfa-

El propósito de la enseñanza bíblica **11**

sis que se pone en la extensión y el evangelismo. En 1963, Hebert W. Byrne dijo: "El evangelismo es la clave en el trabajo de la Escuela Dominical. En realidad, la educación cristiana no puede ser cristiana si no es evangelística . . . Si fracasamos en esto, fracasamos en la razón fundamental de nuestra existencia y servicio."

Pero darlo todo por el evangelismo, a expensas de la calidad de la educación, es igualmente peligroso. Sin una buena enseñanza, tanto los nuevos convertidos como los ya cristianos fracasan en su crecimiento en la experiencia cristiana. Proporcionar un ministerio de calidad en las aulas es una de las mejores maneras para lograr el crecimiento en la Escuela Dominical. Un anciano campesino dijo una vez: "Uno no sólo tiene que traerlos, uno tiene que tener algo para darles."

"Hacer discípulos" es esencial y estimulante, pero "enseñarles que guarden todas las cosas" también es parte del proceso. En realidad, es un proceso de toda la vida que requiere una educación apropiada en todos los niveles, desde la clase de cuna hasta la clase de los adultos. Pero como usted bien sabe, esto implica mucho trabajo. Debe darse una atención continua al adiestramiento del personal, mejorar los métodos de enseñanza y usar los mejores recursos. Aunque en ocasiones la tentación de simplemente reunir a todos en un grupo grande y predicarles a una parece una forma más fácil de hacer las cosas, los resultados a largo plazo muchas veces son desconcertantes e, incluso, trágicos. Por lo general, hacer algo sencillo y hacerlo bien es la mejor forma de realizar el trabajo.

12 Enseñanza que transforma

Las iglesias en crecimiento y las escuelas dominicales conocen esto. Para ellas el evangelismo y la educación son caras de la misma moneda, ambas son partes de un ministerio equilibrado. La Escuela Dominical también proporciona otros ministerios vitales en la iglesia. Por ejemplo, con mucho amor ofrece ayuda a los necesitados; pero no sólo tratándose de las necesidades espirituales, sino que también se preocupa por suplir las necesidades físicas y materiales. Los obreros de la Escuela Dominical son frecuentemente los primeros en descubrir las necesidades de las personas y, por lo tanto, en comenzar a ayudarles. Sirven al igual que Cristo hizo a los pobres, los desdichados, los ciegos, los cautivos, los enfermos (Lucas 4:18).

La Escuela Dominical también concentra su atención en la familia porque ella constituye su corazón. El ministerio de la familia comienza en la cuna y sigue hasta el departamento de extensión al hogar. Los niños aprenden desde muy pequeños la fidelidad a la casa de Dios. Se tratan abiertamente las relaciones entre los adolescentes y sus padres. Los padres aprenden acerca de cómo educar a sus hijos. Finalmente, los adultos ya maduros aprenden cómo prepararse para una vejez placentera. Así es que toda la familia es bendecida por la Escuela Dominical.

Nuestra misión

Luego de analizar brevemente el propósito equilibrado del ministerio de la Escuela Dominical, dirijamos ahora nuestra atención para desa-

El propósito de la enseñanza bíblica 13

rrollar una comprensión acerca de nuestro sentido de misión como participantes en este ministerio.

En primer lugar, tenemos que definir el "sentido" de misión. Billie Davis lo define como una conciencia del llamamiento espiritual de cada uno y el "privilegio y la responsabilidad de cumplir una parte determinada del plan de Dios". Esta idea de ser colaboradores de Dios es importante, pues le da sentido a lo que hacemos. Podemos ver que nuestros esfuerzos van dirigidos hacia un fin lleno de propósitos. Como el doctor Davis señala, el compromiso del maestro con las necesidades de sus alumnos puede ser agotador, a veces hasta el punto de la frustración, la desilusión y la duda. "Sólo el sentido de misión — la seguridad de un llamado y propósito divinos — puede mantener a los maestros verdaderamente interesados, ansiosos, afectuosos y dispuestos a desarrollar sus dones."

En segundo lugar, tenemos que desarrollar y mantener este sentido de misión mediante el estudio de la Palabra de Dios. Tenemos que ver lo que es el ministerio de la enseñanza desde el punto de vista bíblico, así como su importancia dentro del plan de Dios para su iglesia. A menudo un sentido de misión se comunica más de espíritu a espíritu que de entendimiento a entendimiento; por lo tanto, debemos dedicar a la oración el tiempo adecuado. Si buscamos encarecidamente la voluntad de Dios para nuestra vida, Él nos ayudará a descubrir los ministerios espirituales que ha puesto dentro de nosotros.

14 Enseñanza que transforma

En tercer lugar, tenemos que buscar el consejo de líderes de la iglesia quienes puedan confirmar nuestro llamamiento, pues su dominio de los ministerios de la iglesia nos puede ayudar para descubrir nuestro lugar de servicio.

Finalmente, tenemos que ganar práctica y experiencia. Nada contribuye más a fortalecer nuestro sentido de misión que ver los resultados exitosos de nuestros esfuerzos y nada nos ayuda a triunfar como la práctica.

LA ESCUELA DOMINICAL EN LA COSECHA DE ALMAS

Cada iglesia es un campo de labor para la cosecha de almas y las prácticas y propósitos de la Escuela Dominical la equipan para desempeñar un papel vital en esa cosecha. Hoy las iglesias tienen muchas formas de llegar a los perdidos; pero la Escuela Dominical sigue siendo un medio de alcance, un instrumento evangelístico. Los alumnos son estimulados a invitar a sus amigos y familiares inconversos y el plan de salvación se explica según el nivel de edades de cada clase.

En Mateo 28:19-20, Cristo les dio una misión a sus seguidores. Vamos a analizar detalladamente cómo los ministerios de enseñanza de la iglesia corresponden con cada faceta de esa Gran Comisión.

La evangelización

"Id, y haced discípulos a todas las naciones . . ." (v. 19a).

La Escuela Dominical ha sido siempre un arma evangelística de la iglesia. Frecuentemen-

El propósito de la enseñanza bíblica 15

te el primer contacto de un recién convertido es a través de la Escuela Dominical o algún ministerio colateral, como el de los niños o la Escuela Bíblica de Verano. La Escuela Dominical constituye un gran potencial para el evangelismo por varias razones:

1. Puede responder rápidamente a las necesidades y circunstancias variables. Por ejemplo, si un grupo de varios inmigrantes llega a la comunidad, puede organizarse una clase especial para ministrarles en su propio idioma; si una gran industria cierra, los adultos pueden darse a la tarea de proporcionar consejo espiritual y ayuda material para las familias afectadas.

2. La Escuela Dominical ofrece una variedad de clases según el interés de los diferentes grupos. Dentro de la estructura existente pueden organizarse clases especializadas según aparezcan las necesidades. Por ejemplo, durante la primavera puede programarse una clase para parejas comprometidas, y así proporcionarles preparación prematrimonial. También se puede escoger a un adulto para ayudar a aquellos cuyas familias luchan contra ciertos vicios. Estas clases no sólo servirán a los miembros regulares, sino también a los inconversos, y serán una excelente oportunidad para darles el evangelio.

3. El aula de la Escuela Dominical es un escenario ideal para evangelizar. Su ambiente más pequeño y personal resulta menos impresionante que un gran auditorio o una cruzada evangelística. Los maestros conocen más de las necesidades espirituales de sus alumnos porque

16 Enseñanza que transforma

tienen más contacto con ellos dentro y fuera de la iglesia. Además, las lecciones de la Escuela Dominical proporcionan frecuentemente oportunidades para presentar el plan de salvación. Cada grupo puede escuchar el evangelio según su edad y su nivel de interés y comprensión.

¿Por qué no son salvos más alumnos en el aula de la Escuela Dominical si ésta es un sitio ideal para el evangelismo? Por lo general, si es que hay algunos, son pocos los alumnos inconversos dentro del aula. Además, algunos maestros no saben cómo presentar el plan de salvación y hacer un llamamiento. Finalmente, muchos maestros de la Escuela Dominical no se ven a sí mismos como ganadores de almas. Si se les preguntase: "¿Se ve usted como un maestro o como un evangelista?", muchos responderían de inmediato con la primera opción.

Entre las muchas formas que podemos utilizar para que los ministerios evangelísticos de la Escuela Dominical sean más eficientes podemos mencionar la promoción de actividades de extensión para traer más inconversos al aula, el adiestramiento a todos los maestros en las técnicas de evangelismo en el aula y también ayudar a los maestros a comprender que su papel incluye tanto la educación como el evangelismo.

4. *La Escuela Dominical proporciona a la iglesia muchas oportunidades para el evangelismo*. De acuerdo con el Instituto de Iglecrecimiento en Pasadena, California, el setenta y nueve por ciento de todas las personas que asisten a la iglesia lo hacen invitadas por algún amigo o

El propósito de la enseñanza bíblica 17

familiar. Sólo un seis por ciento asiste porque le gusta el pastor, otro tres por ciento lo hace por casualidad y un dos por ciento porque tiene una necesidad especial. Esto quiere decir que nuestros alumnos y sus amigos y familiares inconversos constituyen los mejores objetivos para los ministerios de evangelización. Frecuentemente ellos responden más que el resto del público porque ya conocen algo acerca de nuestra iglesia y la Escuela Dominical.

La incorporación

"... bautizándolos en el nombre del Padre, y del Hijo, y del Espíritu Santo..." (v. 19b).

El bautismo en agua ha sido siempre un signo de identificación de Cristo con su iglesia. Se esperaba que tanto los nuevos convertidos como los ya creyentes ocuparan un lugar dentro de la vida y los ministerios de la iglesia. Todavía tenemos una gran necesidad de este proceso de incorporación y asimilación. Muchas congregaciones padecen de la enfermedad de la "puerta del fondo"; las personas entran por una puerta y se van por otra. La Escuela Dominical y otros ministerios de enseñanza bíblica pueden desempeñar una función vital contribuyendo a que las personas tomen decisiones firmes.

1. La Escuela Dominical ofrece oportunidades para la amistad y la confraternidad. El hecho de asistir únicamente a los cultos no genera relaciones íntimas. Sin embargo, pertenecer a una clase de la Escuela Dominical ofrece la oportunidad de hacer nuevas amistades. Las

18 Enseñanza que transforma

reuniones sociales y otras actividades son escenarios en los cuales puede desarrollarse la amistad. Un período de confraternidad con café y bizcochos antes de comenzar la clase de jóvenes y adultos no es una pérdida de tiempo, sino una buena forma para que los alumnos se relacionen entre sí. Por lo general, en cada clase hay un pequeño grupo de alumnos que con mucha eficiencia contribuyen a que las personas nuevas conozcan a otros y se sientan como en casa. Ese grupo necesita comprender que tiene como don el ministerio de la hospitalidad, que es muy importante para el crecimiento de la iglesia y de la Escuela Dominical.

2. *La Escuela Dominical ofrece oportunidades para enrolarse en el ministerio*. Recuerde que añadir más personas como obreros a tiempo completo es una de las metas de la iglesia. Es en la Escuela Dominical donde las personas pueden descubrir sus dones y comenzar a desarrollar su ministerio. Una importante denominación evangélica consolidó mediante un estudio la importancia de enrolarse en la obra. Se descubrió que dentro de las iglesias en crecimiento había sesenta tareas o responsabilidades por cada cien miembros. En aquellas cuya membresía no aumentaba, había cuarenta tareas o responsabilidades por cada cien miembros. Finalmente, las iglesias cuyo número de miembros va en descenso tenían sólo veinte tareas por cada cien miembros. Para alcanzar y conservar a las nuevas personas es esencial tener oportunidades en la

El propósito de la enseñanza bíblica 19

vida y el ministerio de la iglesia donde ellas puedan participar.

También la Escuela Dominical es un buen lugar para enseñar a los miembros sobre su responsabilidad para con el Cuerpo de Cristo. Una parte vital del proceso de adiestramiento entre jóvenes y adultos es un estudio del ministerio de los dones, ya que éste contribuye a que las personas comprendan dónde y cómo conectarse en la misión total de la iglesia. Una vez que ganan esta comprensión y descubren sus dotes espirituales, la tarea de motivarles y atraerles para servir es mucho más fácil.

3. La Escuela Dominical ofrece oportunidades para el compromiso y la responsabilidad. Las personas necesitan aprender a ser fieles a la iglesia y sus ministerios. La Escuela Dominical puede ayudarles a desarrollar un sentido de compromiso porque ella tiene uno de los mejores sistemas de archivo dentro de la iglesia. Un control cuidadoso de los modelos de asistencia de los alumnos permite que el maestro o coordinador de evangelismo pueda iniciar de inmediato un proceso de seguimiento si aparece algún problema. Los miembros tienden a ser más fieles si saben que se les extraña si faltan. También los visitantes necesitan saber que su presencia se nota y es apreciada.

La educación

"... enseñándoles que guarden todas las cosas que os he mandado..." (v. 20a).

La meta de la iglesia no es sólo ver a muchas

20 Enseñanza que transforma

personas entregarse a Cristo, sino también que lleguen a ser discípulos de Cristo. El proceso de enseñanza no está completo hasta que los nuevos creyentes no comiencen a crecer en conocimiento espiritual y a contribuir en alguna forma al crecimiento de la iglesia. Es aquí donde aparecen nuevamente los ministerios de enseñanza y preparación de la Escuela Dominical. Sólo el ministerio de enseñanza de la Escuela Dominical tiene las características siguientes:

1. *Instrucción por edades*. La Escuela Dominical es la única agencia de enseñanza bíblica que llega a todas las edades y a todos los miembros de la familia. En este escenario especializado puede enseñarse la Biblia según el nivel de comprensión y experiencia de cada persona.

2. *Participación en el proceso de aprendizaje*. En los departamentos infantiles la participación puede ser en forma de centros de interés en los cuales los niños toman parte en actividades variadas. Los jóvenes y los adultos pueden participar en discusiones, composiciones, proyectos de clase y otras actividades de interés para ellos. No se trata de hacer actividades sólo por amor a éstas, sino para motivar al alumno y fortalecer sus experiencias de aprendizaje.

3. *Un acercamiento sistemático al estudio bíblico*. El uso de un buen material de enseñanza asegura que se impartan con el tiempo el grueso de los temas y unidades más importantes de la Biblia. El plan de estudio, además, introduce, mediante un acercamiento por bloques, ideas y conceptos apropiados para cada edad. Las perso-

El propósito de la enseñanza bíblica 21

nas que elaboran dicho material prestan una atención cuidadosa a las necesidades de cada grupo y a sus habilidades de comprensión.

4. Preparación para ministrar. Toda la iglesia tiene una continua necesidad de obreros preparados. Algunas satisfacen esa necesidad programando un día especial u horario extra para las sesiones de adiestramiento. No obstante, la Escuela Dominical tiene un gran potencial para preparar líderes para toda la iglesia. Tal vez no sea necesario organizar programas una noche por semana, en una iglesia que ya está ocupada. Todo puede hacerse a través de la Escuela Dominical.

Por ejemplo, para los programas de entre semana para niños y jóvenes, se puede tener una sesión de preparación para posibles líderes durante el tiempo de la Escuela Dominical. También pueden reunirse durante ese tiempo, y con el mismo fin, grupos de evangelismo, acomodadores, directores de culto y otros obreros de la iglesia.

Los niños pueden aprender sus responsabilidades para servir al Señor y ayudar a rescatar a los perdidos mediante programas especiales de enfoque misionero. Las clases de jóvenes pueden comenzar estudiando el ministerio de los dones, lo cual les ayudará a descubrir su lugar en la obra al Señor. Los adultos pueden trabajar como ayudantes ocasionales en los departamentos de niños o como obreros en la Escuela Bíblica de Vacaciones. El adiestramiento de ellos para esos ministerios puede comenzar justamente en la

Escuela Dominical con una clase especial de adiestramiento a corto plazo.

Como maestro de la Escuela Dominical usted participa en un ministerio vital para la iglesia: el ministerio de la enseñanza bíblica. Conocer *por qué* usted enseña le ayudará a prepararse de manera más eficiente para saber *cómo* enseñar. Recuerde que su entrega total contribuye al cumplimiento de la Gran Comisión de nuestro Maestro para ganar al mundo para Él.

Por supuesto, se requieren muchas cosas cuando usted se esfuerza por ser un excelente maestro cristiano. Lo que sigue de este libro le ayudará a marchar hacia un ministerio de enseñanza eficaz. Es bueno que comience su búsqueda con un análisis de las características personales necesarias. Pídale al Señor que las desarrolle en su vida.

PARA ESTUDIO ADICIONAL

1. ¿Por qué es importante que comprendamos el propósito del ministerio de la Escuela Dominical?

2. ¿Cómo completaría usted este planteamiento: "Como yo lo veo, el propósito de la Escuela Dominical es . . ."?

3. ¿Qué queremos decir con un "sentido de misión"? ¿Cómo desarrollamos y mantenemos ese sentido de misión?

4. ¿Cómo puede la Escuela Dominical contribuir a que la iglesia cumpla las metas de evangelización y crecimiento?

El propósito de la enseñanza bíblica 23

5. ¿Qué hace que la Escuela Dominical tenga éxito en el evangelismo?
6. ¿Cómo puede usted contribuir a que su iglesia incorpore y asimile nuevas personas dentro de su vida y ministerio?
7. ¿Qué características son únicas en los ministerios de enseñanza bíblica de la Escuela Dominical?

2

La vida personal del maestro

El gran educador cristiano bautista, Finley B. Edge, dijo: "El factor más importante que influye sobre el aprendizaje es la *vida y personalidad del maestro*." Para probar si esta declaración es verdadera, hágase las siguientes preguntas: ¿Quiénes fueron algunos de mis maestros favoritos durante mis años de crecimiento? ¿Qué es lo que más recuerdo de ellos?

Sus respuestas se relacionarán más con los tipos de personas que eran sus maestros favoritos, que con las cosas que ellos enseñaron o incluso cómo las enseñaron. Asimismo ocurrirá con los recuerdos que sus alumnos conservarán de usted. Ellos le recordarán más por quién fue usted que por lo que usted hizo. Como puede notarse, enseñamos algo con lo que decimos, un poco más con lo que hacemos, pero la mayor parte de nuestra enseñanza está en lo que somos.

Por eso, en cualquier discurso sobre la enseñanza eficaz de la Biblia, debe tenerse en cuenta la vida personal del maestro. En eso nos concentraremos en este capítulo. Consideraremos las prioridades y los motivos para la enseñanza, su vida devocional personal, y otras cualidades que lo convertirán en una mejor persona y, por lo tanto, en un mejor maestro.

HACER VERSUS SER

El interesante relato en Lucas 10:38-42 enfoca la necesidad de determinar las prioridades correctas en el asunto de ser versus hacer y esperar versus apresurarse. Este incluye el conflicto familiar entre María y Marta durante la inesperada visita de Jesús y sus discípulos. Marta comenzó inmediatamente los preparativos para atender a sus huéspedes, preocupada y agitada mientras realizaba su trabajo. María, para asombro de su hermana, se sentó a los pies de Jesús para escuchar todo lo que Él tenía que decir. Finalmente, llena de frustración, Marta le pide al Señor que intervenga y le ordene a María que le ayude.

"Marta, Marta — le contestó Jesús —, estás preocupada y desconcertada por muchas cosas, pero sólo se necesita una cosa. María ha escogido lo mejor" (véase Lucas 10:41,42). ¿Cuál fue la elección de María? Poner el ser antes que el hacer y el esperar antes que el apresurarse.

Como obrero de la Escuela Dominical usted es por naturaleza un hacedor, ¿no es cierto? Usted es emprendedor: y contribuye a que las cosas sean hechas. Como hacedor, sin embargo, ¿no excusa a veces sus debilidades en alguna esfera señalando sus logros en otras? ¿No ha dicho alguna vez: "No soy el más grande líder espiritual; pero sí soy un buen administrador" o: "Quizá no soy un estudioso de la Biblia; pero puedo dictar clases interesantes"? La verdad es que los éxitos obtenidos en una esfera no justifican los fallos en alguna otra. La mejor opción

26 Enseñanza que transforma

para un maestro de Escuela Dominical es poner énfasis en lo que somos antes que en lo que hacemos.

María esperó; Marta se apresuró. No requiere mucho trabajo descubrir cómo clasificar a la mayoría de los obreros de las escuelas dominicales. Lo más difícil para una persona impaciente es aprender a esperar. Esto puede convertirse en un verdadero problema cuando se trata de tomar tiempo para desarrollar la vida espiritual. Tal como Marta, es fácil que permitamos que las presiones de las responsabilidades ocupen nuestro tiempo con Dios. Uno de mis profesores de la universidad, Lois LeBar, solía decir: "El mayor impedimento para la devoción a Cristo es el servicio a Él."

Como maestros y líderes de la Escuela Dominical, es mejor esperar en Dios para la comprensión de su Palabra y para encontrar ayuda en la solución de problemas de disciplina, y buscar su dirección en la toma de decisiones. La mejor opción es esperar antes que apresurarse.

Consideremos más detalladamente algunas esferas en las cuales usted puede necesitar establecer las prioridades correctas en lo que respecta a su trabajo en la Escuela Dominical.

El compromiso con Cristo

La Biblia enseña que una relación con Cristo debe tener la máxima prioridad en nuestra vida. Eso significa que el compromiso con Cristo es más importante que nuestro compromiso para con la familia, la iglesia, el trabajo o nosotros

La vida personal del maestro 27

mismos. Jesús dijo: "Mas buscad primeramente el reino de Dios y su justicia, y todas estas cosas os serán añadidas" (Mateo 6:33). Al joven rico le dijo: "Anda, vende todo lo que tienes y dáselo a los pobres, y tendrás tesoro en el cielo" (Marcos 10:21).

Antes de buscar siervos que trabajen por Él, el Señor busca santos que le amen y tengan comunión con Él. Un maestro de Escuela Dominical que quiera enseñar la Palabra escrita con poder y eficacia debe vivir en íntima comunión con la Palabra Viviente.

El compromiso con el cuerpo de Cristo

Su primer compromiso es para con Dios, pero el segundo es para con los demás miembros del cuerpo de Cristo. El Nuevo Testamento habla más acerca de las relaciones entre los creyentes y para con el mundo que sobre la obra que ellos deben realizar. Jesús enfatizó esto cuando dio una definición de las señales que identificarían a sus seguidores: "En esto conocerán todos que sois mis discípulos, si tuviereis amor los unos con los otros" (Juan 13:35).

Sus relaciones familiares deben ser su principal interés como obrero de la Escuela Dominical. La Biblia contiene muchos relatos de grandes líderes que hicieron mucho para Dios; pero no supieron desempeñar ese liderazgo en su propia familia. Elí, el sumo sacerdote, fue un devoto sacerdote, pero un padre deficiente. El profeta Samuel y el rey David también dejaron que desear como padres. Alguien ha parafraseado el pasaje de Marcos 8:36 de la siguiente manera: "¿Qué aprovechará el maestro de la Escuela Dominical si ganare a toda su clase para Cristo y perdiere a sus propios hijos?"

Sin duda, hay un frágil equilibrio entre su compromiso con el trabajo de la iglesia y su compromiso para con su propia familia. Pudiera ser que su familia le impida servir a Dios eficientemente; pero, con mucha más frecuencia, los líderes cristianos sacrifican a su familia por el bien de su iglesia y su ministerio.

La responsabilidad del trabajo de la iglesia se ha enfatizado tanto que algunas personas se sienten culpables si no asisten a la iglesia varias noches a la semana.

Los pastores que, sabiamente, descubren que los miembros de la iglesia necesita estar más tiempo juntos en casa, tratan de planificar por lo menos una o dos noches por semana para que se reúna toda la familia. A la esposa de un pastor se le oyó decir: "Otra persona puede enseñar mi clase de Escuela Dominical, tocar el piano, llevar el refresco para la merienda de las damas; pero sólo yo puedo ser la madre de mis hijos."

El compromiso con la obra de Cristo

Por naturaleza, el amor al Señor guía a obedecerle (Juan 14:15), y obedecerle produce un deseo de servirle. La Gran Comisión dada por Cristo a sus seguidores fue un mandato a trabajar por Él. Jesús dijo que había venido a hacer la obra que su Padre le había enviado a hacer (Juan 9:4). También dijo que los que creyeran en

La vida personal del maestro 29

Él harían cosas aun mayores que las que Él hizo (Juan 14:12). Dios ha decidido completar su obra por medio de su pueblo. Este es su plan para que todo el mundo reciba el mensaje del evangelio.

El servicio cristiano es responsabilidad de todo creyente y no sólo de un veinte por ciento que termina haciendo el ochenta por ciento del trabajo. Pablo dijo que el cuerpo de Cristo crece cuando cada miembro hace su parte (Efesios 4:16). Su compromiso con el Señor y con los demás no le exime de su compromiso con la obra de Cristo. Ser cristiano significa participar en todos y cada uno de los tres niveles de prioridad.

Por supuesto, debemos entender que no hay respuestas fáciles al problema de las prioridades. Usted debe esforzarse constantemente en mantener un orden correcto de prioridades; y lo que puede ser correcto para una persona puede no serlo para otra. Así que usted debe guardarse de forzar a que su conjunto de prioridades sea el de algún otro. Cada cual, sin embargo, es responsable ante el Señor.

LO QUE LO MOTIVA A ENSEÑAR

Algunas veces es bueno meditar sobre lo que motiva a enseñar. Hágase las siguientes preguntas: ¿Por qué enseño en la Escuela Dominical? ¿Qué es lo que me motiva como obrero que soy? Sus respuestas le ayudarán a enfocar mejor sus conceptos.

El autor Lawrence O. Richards dice que las personas enseña por muchas diferentes razones. Algunas lo hacen tan sólo por un sentido del

30 Enseñanza que transforma

deber. Sienten que deben apoyar los ministerios de la iglesia. Además, saben cuán difícil es tener suficientes maestros, así que, obedientemente, echan la carga sobre sus hombros.

Otros enseñan por amistad o como un favor personal que le hacen al pastor o a algún otro líder. Aun otros sirven porque lo comenzaron a hacer años atrás y no pueden hallar una forma adecuada de retirarse. Algunos lo hacen porque les gusta que el pastor y los demás los admiren. A otros les hace sentir que son buenos cristianos por todo lo que hacen para el Señor y su iglesia.

Entre estos, hay algunos motivos aceptables hasta cierto punto, pero todos son imperfectos en un mismo aspecto: ¿Se da cuenta que todos ellos, de alguna manera, se concentran en sí mismos? Si usted sirve tan solo por algunas de las razones mencionadas, lo está haciendo por motivos egoístas. Un verdadero maestro cristiano tiene un motivo más elevado por el cual dedicarse a la enseñanza: un amor profundo por el Señor y el deseo de agradarle. Enseña porque se preocupa por sus alumnos y desea ayudarles a crecer hasta alcanzar la madurez cristiana. Sabe que si no pone su corazón en lo que hace o si sus motivos no son los correctos, sus alumnos lo percibirán y no responderán a la verdad divina como deberían.

LA VIDA DEVOCIONAL DEL MAESTRO

Para que un maestro pueda presentar la Palabra de Dios con eficacia y poder, debe primero mantener una vida devocional de comunión con Dios. Un verdadero peligro para los maestros

La vida personal del maestro   31

cristianos es pensar que están manteniendo adecuadamente su vida devocional tan sólo mediante la rutina del estudio de la lección. A algunos les parece que como dedican tiempo considerable cada semana en la preparación de la lección no necesitan estudio adicional de la Biblia. Aunque el estudio de la lección beneficia en gran manera la vida espiritual del maestro, no puede reemplazar la vida devocional. Esta puede desarrollarse de varias formas, pero son de vital importancia la lectura de la Biblia, la oración, la lectura de buenos libros cristianos y la asistencia regular a la iglesia.

El estudio personal de la Biblia

Estar en guardia contra un enfoque catedrático y estrictamente analítico del estudio regular de la lección hará mejorar su vida devocional. Aprenda a permitir que las Escrituras le hablen a usted primero como a un alumno y un investigador, y luego como un maestro. Trate de encontrar en los pasajes o historias bíblicas los principios que Dios ha colocado allí para su propio crecimiento.

Enfoque el estudio personal de la Biblia de manera diferente a la manera como lo hace en la preparación de la lección. De cuando en cuando use métodos de estudio por temas, palabras, biografías o bosquejos históricos. Dichas técnicas requerirán el uso de ayudas para el estudio bíblico, tales como diccionarios, comentarios y concordancias. El uso de diferentes traducciones y paráfrasis de la Biblia le permitirá añadir variedad.

32 Enseñanza que transforma

Mantenga a mano papel y lápiz y desarrolle el hábito de anotar sus impresiones acerca de lo leído. Haga un diagrama o bosquejo del pasaje o del capítulo. Subraye las palabras y versículos clave. Elabore un comentario personal a medida que avance en la lectura, o escriba una paráfrasis del pasaje, expresando el significado de cada versículo con sus propias palabras. Guarde sus notas para futuras consultas.

La oración

Los maestros de la Escuela Dominical experimentan los mismos problemas en cuanto a la oración que comúnmente presentan todos los creyentes: orar por asuntos generales, tener motivos de oración limitados, caer en la rutina. Cuando ore por su clase, tenga una libreta con una página dedicada a cada alumno. Haga un listado de las necesidades específicas por las cuales orar, incluyendo la familia del alumno. Ore siguiendo cada hoja de su libreta. Asegúrese de registrar las respuestas a las oraciones y de dar gracias.

Otra forma de ser específico en las oraciones y de evitar repetición es orar por diferentes necesidades cada día de la semana. El siguiente patrón es fácil de recordar:

> **Lunes:** los enfermos
> **Martes:** los misioneros
> **Miércoles:** los ministerios de la iglesia
> **Jueves:** los jóvenes cristianos
> **Viernes:** la vida personal
> **Sábado:** los cultos semanales
> **Domingo:** motivos de agradecimiento

Además de las oraciones espontáneas e improvisadas, de cuando en cuando use otras formas de oración, tales como oraciones que usted haya escrito, o escritas por otros, oraciones en forma de cantos o de poesías, oraciones tomadas de la Biblia y la oración silenciosa.

Uno de los mayores impedimentos para una vida devocional eficaz es el problema del tiempo. Evalúe algunos momentos posibles para los devocionales, tales como temprano en la mañana (vístase primero y así estará completamente despierto); a media mañana después que la familia salga hacia la escuela o el trabajo; en los centros de estudio o trabajo durante algún receso de actividad; inmediatamente después del regreso del trabajo o la escuela, o luego de la comida nocturna. Quizás tenga que utilizar horarios diferentes para diferentes días según su planificación personal o familiar. Tener un lugar específico para su tiempo devocional, preferiblemente alejado de las actividades normales del día, será algo de gran ayuda. Mantenga su Biblia, libreta de oración y otros materiales de lectura en ese lugar especial de modo que no tenga que ir a buscarlos cada vez que los necesite.

La lectura de buenos libros

El clamor de cualquier pastor es: "Denme un obrero que lea." Todos los pastores desean entre su personal miembros que sepan aprovechar cada oportunidad para superarse en sus respectivos campos. Los maestros de la Escuela Domi-

34 Enseñanza que transforma

nical deberían ser ese tipo de miembros. La lectura ofrece numerosas oportunidades para el desarrollo y el crecimiento tanto espiritual como profesional. También comunica un conocimiento perspicaz del mundo en el que usted y sus alumnos viven. A través de la palabra escrita usted se puede relacionar con los grandes pensadores de todas las épocas.

La falta de tiempo para dedicar a la lectura es una queja muy común entre los maestros. La solución está en sacar provecho de cada tiempo libre por más breve que sea. Hágase el hábito de llevar en su bolso o bolsillo un pequeño libro. ¿Sabía usted que una persona que lea a una velocidad normal durante solamente quince minutos cada día, leerá dieciocho libros en un año? Durante la lectura, utilice un lápiz o un marcador para destacar los pasajes pertinentes y hacer notas en los márgenes.

La asistencia a la iglesia

En Hebreos 10:25 los cristianos son llamados a ser estables en congregarse con los hermanos en la fe. Esta amonestación incluye a los maestros de la Escuela Dominical. Algunos de ellos se pueden sentir exentos de asistir a los cultos de la iglesia y a los estudios bíblicos entre semana porque emplean su tiempo en la preparación de la lección, para no mencionar las reuniones periódicas del personal y las sesiones de preparación de maestros. Eso, no debe ser así, por diversos motivos:

La vida personal del maestro 35

1. Como maestro, usted está constantemente dándose a otros; necesita tiempo para cargar sus pilas espirituales. Los cultos de la iglesia le dan esa oportunidad.

2. Como usted es un modelo de conducta para sus alumnos, necesita estar presente en los cultos. A pesar de las muchas veces que el pastor exhorte a los hermanos a asistir a los cultos, no lo harán si usted, su maestro, no está presente.

3. Si usted no asiste a los cultos de su iglesia, perderá importantes oportunidades de ministrar a los alumnos que respondan a un llamamiento al altar, que expresen una necesidad de oración, o que busquen a alguien con quien orar o conversar. Como su maestro, usted debe ser el primero en ayudarles en tales circunstancias. Sin duda alguna, hacerlo le producirá mucho regocijo; pero no lo podrá hacer si no está allí.

Preguntas para meditación

Responder a las siguientes preguntas le ayudará a evaluar su vida devocional:

1. ¿Experimento diariamente la comunión con Dios mediante la oración y la lectura de la Biblia?

2. ¿Permito que la lección bíblica me hable a mí primero como aprendiz antes de enfocarla como maestro?

3. ¿Uso variedad de recursos para enriquecer mi estudio personal de la Biblia?

4. ¿Concentro mis oraciones en las necesidades y circunstancias específicas?

5. ¿Utilizo diferentes formas para expresar-

36 *Enseñanza que transforma*

le a Dios en oración mis pensamientos y sentimientos?

6. ¿Acostumbro leer libros sobre diferentes temas para enriquecer mi vida espiritual?

7. ¿Aprovecho los breves momentos de tiempo libre para leer?

8. ¿Soy un buen modelo de conducta para mis alumnos en cuanto a la asistencia a los cultos de la iglesia?

SU RECURSO MÁS VALIOSO

¿Cuál considera que es su recurso o capital más valioso como maestro de la Escuela Dominical? ¿Es acaso su conocimiento bíblico? ¿Será el uso que hace de métodos creativos de enseñanza? ¿Considera que es el empeño que pone en la preparación de cada lección? ¿O es la manera en que se relaciona con sus alumnos? Sea sincero y responda: "Todos."

Los arriba mencionados son recursos valiosos, pero hay uno que es más importante que cualquiera de ellos. Este le permitirá hacer un uso eficaz de todos los otros. Me refiero al tiempo. El empleo que usted haga del tiempo determina cuán bien llegue a conocer su Biblia, con cuánta creatividad preparará las lecciones, qué métodos usará, y cuán buenas será la relación con sus alumnos.

El tiempo es algo que los maestros nunca parecen tener suficiente. En realidad, no es la cantidad de tiempo que usted tenga lo que determina su eficiencia; sino lo que hace con el tiempo que tiene. Aquí es donde entran en juego las prioridades, porque usted siempre tendrá tiempo para hacer aquello que realmente quiera hacer. Quizás tenga que hacer alguna tarea doméstica o de la escuela; pero si un amigo lo llama con alguna propuesta más interesante, enseguida hallará la manera de dejar lo que *necesita* hacer para hacer lo que *desea* hacer, ¿no es así? Establecer prioridades y aprovechar al máximo su tiempo lo convertirán en un mejor maestro de Escuela Dominical. Las siguientes ideas pueden serle útiles:

1. *Confeccione una lista de cosas que hacer*. A veces, el solo hecho de escribir las cosas puede ayudarle a organizarse mejor y concentrarse en su objetivo. Entre los puntos de su lista pueden estar: la lectura del manual del maestro, preparar las ayudas visuales, escribir un bosquejo de la lección, visitar a los alumnos que estuvieron ausentes la semana anterior.

2. *Establezca prioridades en su lista*. Marque los dos o tres puntos que considera que deben hacerse primero y concéntrese en ellos. Quizás no logre terminarlo todo, pero al menos sabrá que está completando los más importantes. Ir tachando cada punto a medida que ha sido completado le motivará a abordar los otros puntos de su lista.

3. *Establezca metas*. La mayoría de las personas trabajan mejor bajo presión, así que defina límites de tiempo específicos para las tareas a mano. La responsabilidad es igualmente una motivación importante. Háblele de sus metas a un miembro de su familia o a un amigo que esté

38 Enseñanza que transforma

dispuesto a ver, de cuando en cuando, que las vaya cumpliendo.

4. Establezca una rutina de estudio semanal. Debido a que los seres humanos somos muy dados a las costumbres, la mayoría cumplimos mejor nuestras funciones si establecemos algún tipo de rutina o patrón. Sin embargo, quizás dicho patrón no nos sirva para algunos días o semanas, así que no se altere demasiado si las cosas no le salen según lo planeado. Aun así, no deseche de inmediato el plan; vuelva a la rutina tan pronto como pueda, y persevere.

UNA CUESTIÓN DE ACTITUD

La mayor parte de su eficiencia como maestro estará determinada por su actitud, según enfoque sus tareas. Las siguientes ideas son muy sencillas y pueden ayudarle a tener una actitud correcta hacia su trabajo y a hacerle un maestro cada vez mejor:

1. Busque mejores formas de hacer el trabajo. En cualquier ocupación, incluso la enseñanza, hay lugar para el perfeccionamiento. No se conforme con el status quo (del latín, que significa "el desorden en que estamos"). Sólo porque "siempre lo hemos hecho de esta manera" no hay razón por qué continuar haciéndolo de esa forma. Dispóngase a probar nuevas ideas y enfoques. Piense en formas de romper esquemas sin comprometer la calidad. Abra su mente y corazón al Espíritu Santo, quien es siempre renovador y creativo.

2. Averigüe todo lo que incluye su trabajo. Si

La vida personal del maestro 39

usted es un nuevo obrero o si su trabajo incluye nuevos procedimientos, aprenda sus deberes inmediatamente. No tema hacer preguntas. Converse con su predecesor, con los demás maestros y con sus líderes. Estudie el manual, algún folleto sobre el plan de acción y la descripción de trabajo. Pídale al Señor que agilice su mente para aprender.

3. *Haga su parte.* Usted puede realizar su trabajo con un mínimo de esfuerzo o puede hacer todo de su parte para que salga bien. Siempre hay más trabajo que trabajadores, así que busque cosas que hacer sin que tengan que pedírselo. No tiene que convertirse en un adicto al trabajo, pero sí puede dar una mano de ayuda y algunas veces hacer más de lo que se espera de usted.

4. Esfuércese, no se excuse. La naturaleza humana funciona de tal forma que podemos hallar una excusa para prácticamente cualquier acción indeseable de nuestra parte. No excuse sus fallas; pídale ayuda al Señor para superarlas. Recuerde: un día sus obras serán juzgadas por el Maestro y recompensadas según sean de oro, plata o piedras preciosas; o desechadas, si son de madera, paja y hojarasca.

5. *Desarrolle un espíritu alegre y cooperativo.* Recuerde que la manera como desempeñe su trabajo tiene que ver esencialmente con su actitud. Si hace un esfuerzo, usted *puede* controlar su actitud. Sea optimista y mantenga su sentido del humor. Ser alegre, sin embargo, no es lo mismo que ser despreocupado; usted debe tomar en serio su trabajo. El ser obrero de la Escuela

40 Enseñanza que transforma

Dominical es un asunto importante. Están en juego el destino eterno de muchas vidas. El Espíritu Santo puede ayudarle a descubrir la importancia de su tarea de enseñar a otros. Pídale al Señor que le dé un amor y aprecio profundo por sus alumnos, sus colegas y sus líderes. Agradézcale también por la oportunidad de servirle a través de los ministerios de la Escuela Dominical. La siguiente adaptación de un poema de Edgar Guest resume muy bien este capítulo:

PREFIERO OBSERVAR A UN MAESTRO

Prefiero observar a un maestro
que oír a uno cualquier día;
Prefiero tener a uno caminando conmigo
que simplemente mostrándome la vía.
El ojo es mejor discípulo y está más dispuesto que el oído;
Un buen consejo confunde,
pero siempre es claro el ejemplo vivido.
Y los mejores maestros son aquellos
que practican lo que creen;
Porque ver la verdad de Dios en acción
es lo que todos realmente quieren.
Puedo aprender prontamente cómo hacerlo
si tú me lo muestras hecho.
Puedo ver tu vida en acción,
pero tal vez no comprenda todo lo que dices.
Tus conferencias y narraciones
pueden ser muy acertadas;
Pero prefiero aprender mis lecciones
observando lo que haces.
Quizá malentienda un gran consejo;
Pero no hay malentendidos en cómo actúas y vives.
¡Prefiero observar a un maestro
que oír a uno cualquier día!

La vida personal del maestro

Una vez que haya entendido lo que se pide de usted en su vida personal, estará listo para aprender lo que se espera de usted en el aula. Encontrará en su camino muchos tragos amargos mientras completa su ministerio como maestro de la Biblia.

PARA ESTUDIO ADICIONAL

1. ¿Por qué Dios considera más importante el ser que el hacer?
2. ¿Cuál debe ser el orden de sus compromisos?
3. ¿Cuál debe ser su más alto motivo para enseñar?
4. ¿Por qué es importante que un maestro mantenga una vida devocional personal?
5. ¿Cuáles son algunas formas prácticas para hacer un uso más eficaz del tiempo?
6. ¿Qué actitudes necesita mejorar para que mejore su responsabilidad como maestro?

Notas

3
La vida profesional del maestro

Como maestro de Escuela Dominical usted tiene muchas funciones que cumplir. Se espera que sea el líder en el aula, y que sea comunicador, consejero y guía para el proceso de enseñanza y aprendizaje. Lograr éxito en cualquiera de esas funciones sería una gran hazaña; pero que se exige de usted el éxito en todos esos aspectos para que pueda producir un cambio en la vida de sus alumnos. Enseñar es un tremendo ministerio, ¿no cree? Veamos más detalladamente cada una de sus funciones.

SU PAPEL COMO LÍDER

El grupo es la unidad de trabajo básico en la educación cristiana. Como maestros y líderes, estamos constantemente relacionados con gente organizada por grupos, tanto dentro como fuera del aula. Para ser un líder de grupo eficiente, hay que comprender cómo actúa la gente al agruparse, qué factores rigen el proceso de trabajo en grupo, y cómo estructurar y dirigir positivamente las actividades de grupo.

Las funciones del grupo

Cada miembro en particular cumple varias funciones dentro del grupo. Conocer esas funcio-

La vida profesional del maestro 43

nes le ayudará a comprender a los alumnos que componen su clase. Algunos integrantes desempeñan papeles positivos: el *conciliador* busca reconciliar a los de opiniones opuestas; el *clarificador* vuelve a plantear los puntos en busca de solución y aclara los aspectos en los cuales el grupo concuerda; el *explorador* sugiere procedimientos o soluciones alternas y guía al grupo en la búsqueda de respuestas; el *catalizador* trata de hacer participar a los demás alumnos en los debates u otras actividades en clase; el que *reduce tensiones* hace chistes o payasadas en momentos apropiados para aliviar las tensiones; y el *programador* guía al grupo en la planificación de actividades prácticas.

Desafortunadamente algunos miembros de la clase pueden desempeñar papeles negativos: el *dominante* suele pronunciar largos monólogos, o es autoritario o excesivamente dogmático; el *achicador* minimiza el potencial del grupo y las contribuciones de los demás; el *manipulador* trata de controlar al grupo para cumplir sus propios deseos; el *vivo* percibe el giro que toma una discusión y siempre se une al lado más popular; el *tramposo* realiza cambios sutiles en su posición para evitar tomar partido en las disputas; el *culpador* echa la culpa y responsabilidad en alguien o algo para escapar de su frustración personal; el *malhumorado* expresa resentimiento hacia el grupo o hacia algunos miembros en particular; y el *abogado del diablo* siempre toma partido contrario para causar debate, y es causante de mucha discusión.

44 Enseñanza que transforma

Su responsabilidad como líder es identificar esos elementos del grupo, aprender cómo utilizar a las personas optimistas y no permitir a los pesimistas disuadir el progreso de la clase.

Factores que obstaculizan el proceso de grupo

Para tener eficiencia en la enseñanza y el liderazgo necesitamos comprender algunos de los factores que pueden obstaculizar el proceso de aprendizaje del grupo.

1. Los conflictos. Hay muchas situaciones que pueden ocasionar conflictos en un grupo: la rivalidad de los integrantes por lograr cierta categoría o posición, miembros que notan que algunos alumnos son los favoritos de la clase, o la carencia de disciplina y orden. Generalmente los conflictos surgen como un síntoma de problemas subyacentes mucho más serios. El líder sabio buscará la causa principal más allá de la situación manifiesta.

2. Aspectos no planificados. Algunos miembros de la clase se concentran en asuntos que no han salido a la luz, tales como problemas personales para los cuales están buscando respuestas. Otros vendrán a la clase con nuevas "ideas", esperando que haya un momento oportuno para presentarlas. Mientras que no sean identificados esos aspectos no planificados, y tratados convenientemente, ya sea dentro o fuera del aula, el grupo progresará poco.

3. La indecisión. El proceso de grupo se ve obstruido cuando reina la indecisión o cuando el debate se estanca en detalles insignificantes.

La vida profesional del maestro 45

Cuando los miembros sienten que hay muy poco o ningún progreso, pueden volverse agresivos o simplemente alejarse del grupo, ya sea psicológica o físicamente.

4. *La apatía.* La indiferencia hacia el grupo, la falta de entusiasmo, la poca participación, el ausentismo frecuente, la falta de voluntad para aceptar responsabilidades y los fracasos en la realización de tareas son indicadores de la apatía en el grupo. Algunas veces el problema se encuentra en el individuo; otras veces puede ser por causa de la forma en que el grupo trabaja. En cualquiera de los casos, es su responsabilidad descubrir las razones y aplicar la corrección adecuada.

Cómo crear un ambiente de grupo y dirigir actividades

Una parte importante de su papel como líder es la creación de un ambiente de grupo acogedor y cooperativo. Las siguientes sugerencias le ayudarán a lograrlo:

1. *Reorganice los puestos para crear un ambiente más informal.* Puede poner los asientos en semicírculo o usar mesas redondas. Prescinda además de todas las formalidades innecesarias, tales como levantar la mano para responder, ponerse de pie para hablar, el uso de títulos, y otros rituales propios de las aulas.

2. *Anime a cada alumno a expresar sus sentimientos abierta y sinceramente.* Preste atención a lo que digan y repita con exactitud los comentarios de sus alumnos. Muestre interés por todas las ideas expresadas.

46 Enseñanza que transforma

3. Ayude al grupo a aceptar a los nuevos miembros e ideas con un mínimo de conflictos. Compruebe que todos los criterios sobre un tema estén representados justamente y ayude a la clase a integrar nuevas ideas a los propósitos comunes del grupo. Evite presionar a los alumnos a participar antes que estén listos para hacerlo, lo cual los pone en tensión.

Hay muchas cosas que usted puede hacer para dirigir actividades de aprendizaje:

1. Junto con el grupo, determine metas y objetivos.

2. Identifique los recursos de los estudiantes.

3. Ayude a los alumnos a participar de forma significativa.

4. Trabaje junto con los alumnos; no haga lo que a ellos les corresponde.

5. Evalúe el progreso del grupo.

SU PAPEL COMO COMUNICADOR

Como maestro cristiano, usted está inmerso en el mundo de las comunicaciones. En realidad, la comunicación es lo principal en todos los ministerios de enseñanza de la iglesia. Sin embargo, a pesar de su importancia, no siempre le hemos prestado mucha atención al estudio del proceso de la comunicación. Con frecuencia asumimos que nos entendemos los unos a los otros simplemente porque tenemos una fe común y experiencias similares.

Comprenda la comunicación

Cualquiera que lo desee puede aprender la

La vida profesional del maestro 47

habilidad de la comunicación eficaz. En primer lugar, usted debe comprenderla. El diccionario define la comunicación como el proceso de trasmitir un mensaje verbal o escrito, o como un intercambio de información entre los individuos. Eso suena bastante simple hasta que usted descubre que hay al menos seis versiones de cualquier mensaje comunicado: (1) lo que quiso decir el orador; (2) lo que realmente dijo el orador; (3) lo que el orador cree que dijo; (4) lo que el oyente quiso oír; (5) lo que el oyente realmente oyó; y (6) lo que el oyente cree que oyó.

Los siguientes son aspectos importantes para recordar con relación a la comunicación:

1. La comunicación es un proceso en dos direcciones. Implica tanto enviar como recibir un mensaje.

2. La comunicación incluye tanto el intercambio de sentimientos como de ideas.

3. La comunicación exige esfuerzo. No se produce así porque sí. Es el resultado del uso de las habilidades fundamentales de la comunicación.

La comunicación incluye los siguientes ocho pasos o elementos:

1. El emisor da forma al mensaje en su mente.

2. El emisor envía el mensaje al receptor verbalmente, por escrito o en otra forma.

3. El receptor oye el contenido del mensaje.

4. El receptor le asigna significado al mensaje.

5. El receptor forma una respuesta en su mente.

6. El receptor responde con retroalimentación al emisor.

48 Enseñanza que transforma

7. El emisor recibe el contenido del segundo mensaje.

8. El emisor le asigna significado al mensaje.

La experiencia, las intenciones percibidas, las necesidades del receptor, el escenario en el que ocurre el intercambio del mensaje, los sentimientos y el concepto de sí mismo del que habla y del que escucha, afectan el proceso de comunicación en diversos puntos.

La comunicación puede ser tanto verbal como no verbal. La verbal incluye sonidos, música, palabras habladas, o un mensaje escrito. El acento y la inflexión de la voz pueden ser considerados también como parte de la comunicación verbal. La no verbal incluye la apariencia, la voz, expresiones faciales, gestos, el lenguaje del cuerpo, relaciones espaciales, o cualquier otra expresión física.

La mayor parte de la comunicación no incluye ninguna palabra. Según algunos estimados, el noventa y tres por ciento del impacto total del mensaje llega al receptor por medios no verbales, incluyendo el treinta y ocho por ciento por el tono de la voz.

Cómo eliminar las barreras

Con frecuencia las barreras interrumpen la comunicación en varios puntos.

1. Barreras en el orador. Un concepto negativo de sí mismo afecta muchísimo nuestra habilidad para comunicar algo. La falta de confianza en sí mismo se refleja en preguntas mentales, tales como; ¿Son apreciadas mis ideas? ¿Son dignas de expresarse? ¿Están otros realmente interesados en lo que yo tengo que decir? Una preparación inadecuada también afecta la habilidad de comunicación del maestro. La discrepancia entre hechos y palabras puede ser también una barrera para la comunicación. Sus hechos pueden hablar tan fuerte que no dejan oír lo que usted está diciendo. Para los alumnos es difícil creer en un mensaje que no vean reflejado en la vida del maestro.

2. *Barreras entre el orador y los oyentes*. Estas barreras pueden incluir impedimentos físicos, tales como el ruido, las distracciones, las interrupciones, la incapacidad para ver u oír, o algún malestar físico. El lenguaje y la jerga también pueden ser barreras. No hay dos personas que capten un significado idéntico de las mismas palabras puesto que no tienen experiencias idénticas. Un estudio reveló que quinientas de las palabras más comúnmente usadas en el idioma inglés producen un total de once mil quinientos significados diferentes, o un promedio de veintitrés significados por palabra.

3. *Barreras en el oyente*. Todo oyente ve y oye una combinación de lo que está en el exterior y lo que tiene en su mente y corazón. En otras palabras, el que escucha es quien determina lo que oye. A esto se le llama percepción selectiva. Uno oye lo que quiere oír, y presta atención solamente a lo que le interesa.

Otro factor que complica el proceso de comunicación es que podemos oír al menos cinco veces más rápido de lo que normalmente hablamos. En

50 Enseñanza que transforma

una conversación, "la mayoría de las personas dicen entre ciento veinte y ciento ochenta palabras por minuto". En un discurso condensado, un individuo puede comprender hasta quinientas palabras por minuto. Los lectores ágiles comprenden miles de palabras por minuto. Debido a este tiempo de diferencia, la mente del que escucha puede vagar y planear su respuesta.

4. Barreras de tiempo y espacio. La cultura bíblica era bien diferente de nuestra cultura moderna. Hoy hacemos las cosas de manera muy distinta. Puesto que creemos que la Biblia nos habla aun hoy, nuestro reto como maestros cristianos es encontrar formas para que su mensaje sea claro y apropiado.

Cómo mejorar la comunicación en el aula

Entonces, ¿qué puede hacer usted para mejorar la eficiencia de la comunicación en su aula? Los siguientes principios le ayudarán:

1. Elimine las barreras físicas. Haga todo lo posible por eliminar las distracciones e interrupciones. Arregle el local de tal manera que no haya cosas que pudieran distraer el proceso de aprendizaje. Haga todo lo posible para que todos los alumnos vean y oigan claramente. Sus alumnos deben estar físicamente cómodos. Regule la temperatura y la ventilación.

2. Simplifique y esclarezca las ideas antes de exponerlas. Alguien ha dicho: "Piense profundamente, pero hable con sencillez." Utilice una variedad de ilustraciones para aclarar los significados. Cuando exponga ideas abstractas, trate de usar palabras y ejemplos concretos, especialmente con los niños pequeños.

3. Haga todo lo posible para establecer una comunicación en ambos sentidos. Emplee métodos de participación como conversaciones en grupo, paneles, trabajos escritos, dibujos y dramas. La mejor manera de motivar la participación es usando una variedad de preguntas informativas, retóricas y de motivación para el pensamiento. De esa forma usted desvía la atención y la responsabilidad del maestro hacia los alumnos, haciéndolos sentirse parte del proceso de comunicación.

4. Use medios audiovisuales para enfatizar y esclarecer su mensaje. La retención es seis veces mayor cuando se refuerza la enseñanza con medios visuales. Los ayudas audiovisuales también proporcionan oportunidad para la participación e integración de los alumnos.

5. Planee cuidadosamente la introducción de la lección. Comience con algo que sea de interés para sus alumnos. Ayude al grupo a descubrir hacia dónde usted quiere ir y cómo llegar allá.

6. Haga una presentación variada. Propóngase usar al menos tres o cuatro métodos o técnicas diferentes en una hora de enseñanza. Busque varias formas de repetir los conceptos que son nuevos para el grupo. Resuma su presentación recalcando las principales ideas. Enseñe con el objetivo de comunicar su mensaje, no para impresionar a sus alumnos.

Cómo mejorar la comunicación personal

Para mejorar su eficiencia personal como

52 *Enseñanza que transforma*

comunicador, haga lo posible por mejorar en varios de los siguientes puntos:

1. *Esfuércese por desarrollar una actitud comprensiva.* Sonría, sea amistoso. Llame a sus alumnos por su nombre. Conózcalos personalmente. Muestre su aprecio por las ideas que ellos expresan en clase. Fíjese en los que quieran contribuir y asegúrese de que se les escuche.

2. *Aprenda a ser un buen oidor.* No busque tan sólo el ser entendido sino también el comprender. Concéntrese en lo que se dice, no en lo que usted contestará. Use un lenguaje corporal adecuado para mostrar interés: inclínese hacia adelante, haga contacto visual con la persona, mueva afirmativamente la cabeza. Haga preguntas para aclarar ideas. Busque oportunidades para adiestrar a sus alumnos en el arte de escuchar a otros. Esa habilidad les será muy beneficiosa durante toda su vida.

3. *Sea positivo en sus relaciones.* Alabe y encomie siempre que sea posible, pero sea sincero. Destaque las habilidades y los puntos fuertes de los alumnos.

4. *Acepte a sus alumnos tal como son.* Conózcalos y ámelos como personas, y permita que ellos le conozcan a usted como persona. Provea oportunidades para que se relacionen fuera del aula.

SU PAPEL COMO CONSEJERO

No todas sus enseñanzas se dirigirán a los alumnos como un grupo. Una buena parte de su ministerio será en la consejería personal. Como

La vida profesional del maestro 53

maestro, a menudo será el primer consejero a quien sus alumnos acudirán en busca de ayuda. Aunque usted no se sienta calificado como consejero en el sentido profesional, aun así puede desarrollar un ministerio eficiente. En realidad, muchos psicólogos cristianos consideran que los laicos adiestrados pueden ser muy competentes como consejeros. Eso no significa que la consejería profesional sea innecesaria, sino que muchas de las necesidades de consejería de los alumnos pueden ser satisfechas por un maestro cristiano dedicado a su tarea. Al mismo tiempo, el maestro debe tener suficiente sabiduría para darse cuenta de cuándo ya no es apto para manejar la situación, y debe remitir al alumno al pastor o a un consejero profesional.

Oportunidades para aconsejar

Cuando usted esté al corriente de las necesidades de sus alumnos, se presentarán, por sí mismas, numerosas oportunidades para la consejería. Antes de comenzar la clase, converse con los que llegan temprano. Esté al tanto de los que se quedan después que termina; quizá tengan algo importante que quieran decir. El tiempo en el altar es otra excelente oportunidad para aconsejar y orar con sus alumnos.

Los encuentros casuales con sus alumnos fuera del templo, proporcionan nuevas oportunidades. Usted debe ir adonde están sus alumnos: vecindarios, actividades escolares, centros de trabajo, centros comerciales u otros sitios que frecuentan. Sea amistoso y sincero. Incluya en

54 Enseñanza que transforma

sus planes visitar a sus alumnos en sus hogares al menos una vez al año. Cinco minutos allí le dirán más acerca de ellos que un año en el aula. Cuando visite a alumnos pequeños, pase algún tiempo con ellos, no tan sólo con sus padres.

Quizás usted quiera considerar un plan de conferencias entre el alumno y maestro para su clase. Necesitará primero consultar tanto con los líderes como con los padres. Entre los factores a tomar en cuenta están: horarios, sitios de reunión, transporte, casos problemáticos, y otras circunstancias especiales.

Cualidades de un buen consejero

Los alumnos buscan y aprecian las siguientes cualidades en el maestro que desea ser un consejero eficiente:

1. Sea digno de confianza. Un buen consejero debe ser capaz de guardar secretos. Alguien dijo: "El corazón de un consejero es como un cementerio. Muchos problemas yacen sepultados en él." Resista la tentación de usar, como ilustraciones de alguna lección, situaciones que ha tratado en la consejería personal, aun cambiando los nombres para proteger a las personas de quienes se trata. Si algún alumno se reconoce en la ilustración, no importa cuántos detalles hayan sido alterados, sentirá que muchos de sus compañeros lo han reconocido también.

2. Sea accesible. Como buen consejero, esté dispuesto a dedicar tiempo para ayudar. Usted debe ser accesible cuando sus alumnos quieran

La vida profesional del maestro 55

conversar. Al mismo tiempo, no les imponga su presencia. Ellos deben venir a usted.

3. *Escuche.* Es imposible escuchar si usted es el único que habla. Concéntrese en lo que se le dice, no en su respuesta. Haga preguntas que le lleven a la raíz del asunto, y trate de no escandalizarse con lo que oye.

4. *Sea genuino.* Sus alumnos, ya sean jóvenes o adultos, reconocerán la verdad cuando la vean. Cuando exprese compasión y amor, muestre una actitud paciente y comprensiva. Hágales saber a sus alumnos que usted está tratando de entender cómo se sienten; debe ponerse en el lugar de ellos al mismo tiempo que debe evitar complicaciones emocionales.

5. *No condene.* Usted debe amar y aceptar al alumno tal como es, no como usted quisiera que fuera. No necesita estar de acuerdo con lo que está haciendo, pero no debe rechazarlo como persona. Sea su amigo, no su juez.

6. *Esté atento.* No siempre los alumnos que necesitan consejo buscarán ayuda. A veces su silencio será un grito de auxilio. Por lo tanto, un buen maestro cultivará sensibilidad espiritual, detectará la necesidad de ayuda y, si es necesario, tomará la iniciativa en la consejería.

7. *Sea consecuente.* Su propia vida debe estar firmemente arraigada en la Palabra de Dios, demostrando su crecimiento espiritual. Para inspirar confianza en sus alumnos, usted debe mostrar estabilidad y madurez emocional. Para tener credibilidad, debe practicar lo que predica.

8. *Sea pertinente.* No les predique a sus alum-

56 Enseñanza que transforma

nos, especialmente el sermón: "Cuando yo tenía tu edad . . ." Evite aplicar sus soluciones personales a los problemas de ellos. No les diga que entiende a menos que en realidad haya entendido. No tome decisiones que un alumno debería tomar por sí mismo.

9. *Sea paciente.* Evite los juicios prematuros y las conclusiones apresuradas. Haga del asesoramiento un proceso, no un simple acontecimiento. Tome tiempo para explorar, comprender y solucionar el problema. Las buenas conclusiones no se pueden forzar, deben surgir de modo natural.

10. *Sea eficiente.* Use la Biblia en el asesoramiento. No vacile en mostrar lo que ella dice sobre el asunto en cuestión. A su vez, no ofrezca respuestas demasiado simplistas a problemas complicados. Si no tiene una buena respuesta, no elabore una.

SU PAPEL COMO ALENTADOR

Cindy entra en el aula de los primarios con lágrimas en sus ojos. Sus padres acaban de tener otra gran disputa en el camino hacia el templo. Ella teme que ellos ya no se quieren más. Necesita una palabra de aliento.

Carlos, un jovencito de quince años, llega a la clase el domingo luego de haber sido eliminado del equipo de pista el viernes pasado. Ese es el único equipo que había tenido la oportunidad de integrar. Él también necesita una palabra de aliento.

A su alrededor, en la casa, en la escuela, en

La vida profesional del maestro 57

el trabajo y en la iglesia, las personas se sienten desalentadas y frustradas. Se preguntan si alguien sabe cuán profundamente les duele, y si a alguien, incluso a Dios, realmente le interesa. Ellos llegan a su aula en busca de aliento.

Lo que no necesitan es a alguien que incremente sus penas haciendo, sin intención alguna, una impertinente observación, como: "Oh, cambia esa cara tan seria." O: "Ánimo, pudo haber sido peor." Tales frases llevan el falso mensaje de que los cristianos no deben estar desalentados o deprimidos.

William Barclay, un conocido erudito bíblico, sostiene que el alentar es uno de los deberes supremos del hombre. Él destaca que lleva poco esfuerzo reírse de las ideas de otro, enfriar el entusiasmo y diseminar el desaliento. El mundo está lleno de desalentadores; los cristianos tienen el deber de ser alentadores. Barclay aconseja que cuando encontremos a una persona que está en conflictos, debemos extenderles un cumplido, unas sinceras "gracias", o una nota de aprecio. Eso es quizá todo lo que se necesita para levantar el ánimo de esa persona. Seremos también bendecidos nosotros mismos cuando alentamos a otros.

Como maestro cristiano, usted está en la mejor posición para dar una palabra de aliento. Probablemente conozca mejor a sus alumnos que cualquier otro en la iglesia. Sus palabras pueden significar más que las de un familiar. Considere las siguientes formas de cumplir su papel como alentador:

58 Enseñanza que transforma

1. *Recuerde frecuentemente a sus alumnos que ellos son especiales a la vista de Dios.* Él los hizo así como son por una razón específica. Él vela por ellos y está obrando en sus vidas (Salmo 139; Efesios 2:10; Filipenses 1:6). Cuando sus alumnos vean que usted los considera especiales, las verdades de esos versículos serán aun más significativas para ellos.

2. *Cultive una actitud de aprecio.* Busque oportunidades para dar alabanza y elogio. Busque cosas específicas que admirar en otros. Aproveche cada oportunidad para dar afirmación a sus alumnos. No descuide cosas sencillas como una sonrisa amistosa o un fuerte apretón de manos.

3. *Evite las observaciones impertinentes o las respuestas fáciles.* Decirle a un alumno que vaya y ore por un problema puede ser que le dé la respuesta que necesita, pero eso no siempre es suficiente. Santiago dice que debemos hacer más que decir: "Id en paz, calentaos y saciaos" (Santiago 2:16). Debemos estar dispuestos a participar en la vida de nuestros alumnos y a dedicar tiempo para ayudarles a resolver sus problemas.

Aprenda a ser un Bernabé, cuyo nombre significa "hijo de consolación". Sus alumnos le amarán por eso, y usted verá el cambio que producirá en sus vidas.

PARA ESTUDIO ADICIONAL

1. ¿Qué papeles de interacción en grupo ve usted que sus alumnos desarrollan?

La vida profesional del maestro 59

2. ¿Qué puede hacer usted para crear un ambiente más aceptable en el aula?
3. ¿Cuál es su definición personal del proceso de comunicación?
4. ¿Qué barreras están interrumpiendo la comunicación? ¿Qué puede hacer para eliminarlas?
5. ¿Qué oportunidades usted tiene para desempeñarse como consejero?
6. ¿Cuál cree usted que es la cualidad más importante de un consejero cristiano?

4
El alumno y la enseñanza bíblica

Como maestro cristiano, usted trabaja con dos grandes aspectos de información: la Biblia y los materiales relacionados con la lección, y las características y necesidades de sus alumnos. Alcanzar un conocimiento cabal de estas dos esferas es esencial para una enseñanza exitosa. La situación puede ser representada como lo muestra el diagrama:

Una clase incluye contenido bíblico que no es parte de la lección. De igual forma, algunas necesidades de los alumnos no son tratadas en la lección. La esfera en que el contenido bíblico se superpone con las necesidades e intereses de los alumnos es donde se desarrolla la lección. Eso es lo que significa ser eficiente. Usted debe conocer y comprender a sus alumnos: cómo aprenden, qué les interesa y motiva, y cómo hacerlos parti-

El alumno y la enseñanza bíblica 61

cipar en la experiencia de aprendizaje. Este capítulo abarcará esos temas.

COMPRENDA A SUS ALUMNOS

Ya que los alumnos constituyen el centro del proceso de enseñanza y aprendizaje, es esencial estudiarlos como grupo y como individuos. Apréndase las características físicas, mentales, emocionales, sociales, psicológicas y espirituales según la edad del grupo al que enseña. Tales rasgos forman una mezcla del alumno típico. Claro, ningún alumno los reúne todos. Algunas de dichas características serán estudiadas con mayor detalle en los capítulos 8 y 9.

Recuerde siempre que usted no está simplemente enseñando a un grupo, sino a individuos de diferentes tipos, cada cual único a su manera. En su libro sobre cómo relacionarse con las personas en la iglesia, A. Donald Bell sugiere las siguientes diez formas de conocer a los alumnos como individuos:

1. Tenga una mente abierta. Evite juzgar antes de saber.

2. Estudie cualquier registro de antecedentes que la iglesia tenga disponible.

3. Aproveche al máximo las oportunidades de escuchar.

4. Evite comparar a un alumno con otro.

5. Visite los hogares de sus alumnos.

6. Procure ver a los alumnos en diferentes situaciones.

7. Examine las amistades de los alumnos.

8. Aprenda qué les interesa a los alumnos.

62 Enseñanza que transforma

9. Averigüe qué cosas ocupan el tiempo libre de los alumnos.

10. Averigüe qué cosas motivan a los alumnos.

Lo que usted debe saber

Conocer algo sobre la familia de cada alumno le ayudará a explicar las actitudes y el comportamiento de los mismos en el aula. Sepa cuántos niños hay en la familia, qué lugar ocupa el alumno por edad entre sus hermanos, qué tipo de relaciones existen entre los padres y el alumno, cómo se disciplina al niño, y si forma parte de una familia de ambos padres, de padres solteros o de padres divorciados. También será beneficioso conocer si el hogar proporciona instrucción cristiana suplementaria. ¿Pudiera usted visitar a los padres para ayudar al alumno a estudiar la lección o memorizar la tarea?

Busque conocer también algo acerca de los antecedentes del alumno en la iglesia. ¿Es miembro de la misma? ¿Asiste regularmente? ¿Cuál es su herencia doctrinal? ¿En qué otras actividades de la iglesia participa? ¿Sus amigos más íntimos son de la iglesia o fuera de ella?

Otras preguntas a responder son: ¿Ha aceptado el alumno a Cristo como su Salvador? ¿Está creciendo en su experiencia cristiana? ¿Ha sido bautizado en agua? ¿Ha recibido el bautismo del Espíritu Santo? ¿Testifica de su fe? ¿Dedica un tiempo diario a la de lectura de la Biblia y la oración? ¿Está luchando con algún problema espiritual?

Si usted enseña a niños de edad escolar o a

El alumno y la enseñanza bíblica   63

jóvenes, debe saber en qué grado está cada uno y a qué escuela asiste. Si un alumno tiene dificultades en la comprensión de las materias o carece de motivación, tal vez se deba a cómo le va en la escuela. En el caso de adolescentes es importante conocer las actividades en que participa el alumno fuera de los estudios.

Con los adultos es muy útil conocer el trasfondo educacional. ¿Qué grado de educación tienen? ¿Qué instrucción especial han recibido? ¿Participan de algún programa de post grado?

Constituye información importante al enseñar a adolescentes conocer sus metas en cuanto a la carrera, su interés vocacional y su estado de trabajo actual. Saber dónde trabaja cada adulto, sus horarios, la duración de su empleo actual, las habilidades especiales que su trabajo requiere, y si se siente contento en su trabajo, puede ayudarle a ministrar con mayor eficiencia. Conocer las habilidades prácticas de sus alumnos jubilados, le permitirá descubrir ministerios valiosos en los cuales ellos pudieran participar, tanto en su clase como en la iglesia en general.

Algunas otras cosas que usted debe conocer acerca de sus alumnos son: su cumpleaños, sobrenombres, pasatiempos preferidos, actividades de la comunidad en que participan, aptitudes de liderazgo y su pericia.

Cómo conseguir información

Un cuestionario personal puede ser la forma más fácil de reunir datos. Una información más subjetiva puede obtenerse visitando la casa del

64 Enseñanza que transforma

alumno, su vecindario, escuela o centro de trabajo. Visitar a un profesor del alumno también será provechoso y demostrará que la iglesia se une a la escuela en el interés personal por cada alumno. Debido a que los profesores generalmente son observadores del alumno tanto dentro como fuera del aula, pueden convertirse en buenas fuentes de información.

Planificar una conferencia con cada alumno al comienzo del curso escolar será provechoso con adolescentes y adultos. Tales sesiones proporcionarán oportunidad para entablar conversación con el alumno, determinar su progreso espiritual y sus necesidades, y ofrecer consejo personal si es necesario.

Qué hacer con la información

La información y el conocimiento que reúne acerca de sus alumnos debe organizarse de tal forma que pueda usarse con facilidad. Puede tener una libreta con una o dos páginas para cada alumno, que contenga los datos positivos, sus impresiones sobre su desarrollo educacional y espiritual, y quizá anécdotas interesantes de la clase. Tal información acerca de sus alumnos sería una bendición en la planificación de las lecciones para satisfacer sus verdaderas necesidades y para ayudarles a resolver problemas personales. Usted puede también usar una libreta como guía de oración. Consúltela antes de visitar a un alumno o a su familia. Cuando el alumno pase a otra clase, alguna parte de la

El alumno y la enseñanza bíblica 65

información puede ser entregada al próximo maestro.

COMPRENDA CÓMO APRENDEN SUS ALUMNOS

Henrietta Mears, la gran pionera de la educación cristiana, dijo con mucha certeza: "El maestro no ha enseñado hasta que el alumno no haya aprendido." En otras palabras, para ser un maestro cristiano eficiente, usted debe comprender cómo aprenden sus alumnos y enseñarles según eso. A esta forma de enseñanza a veces se le denomina "proceso de aprendizaje dirigido" y consiste básicamente en guiar la actividad del alumno de forma tal que aprenda lo que se le quiere enseñar.

Como usted conoce sus intereses, necesidades y habilidades, puede ayudar a los alumnos a descubrir las verdades bíblicas por sí mismos y guiarles a hacer aplicaciones personales. Suministre dirección y recursos para obtener la respuesta deseada, pero nunca haga nada por sus alumnos que pudiera ser más beneficioso si lo hicieran ellos mismos.

Este enfoque de la enseñanza es como la conducción de un viaje turístico. El guía calificado está familiarizado con todos los puntos de interés de forma que puede ayudar al grupo a confeccionar sus itinerarios y responder a sus preguntas. Él hará los arreglos necesarios y lo guiará hacia las principales atracciones. Los turistas recibirán experiencia de primera mano, con nuevas personas y en nuevos lugares. Usted

66 *Enseñanza que transforma*

es como un guía del proceso de aprendizaje en varias formas.

Guiando el interés de los alumnos

Los alumnos aprenden mejor cuando están dispuestos a aprender. Comenzar el proceso de aprendizaje enfocando sus necesidades e intereses es la forma de nutrir dicha disposición. Gánese la atención de sus alumnos y comience con sus necesidades básicas. Para hacerlo, usted debe saber en qué punto están sus alumnos en cuanto al conocimiento y la comprensión de la verdad espiritual y debe enseñarles de manera consecuente. Ayudar a los alumnos a buscar respuestas para sus preguntas o problemas les preparará para recibir la verdad bíblica.

Los alumnos también aprenden más a gusto cuando ven la relación entre las partes como un todo. Inspeccione de antemano una nueva serie de lecciones con sus alumnos y periódicamente revise las lecciones anteriores para mantenerlas frescas en la memoria. Los carteles y láminas pueden servir de apoyo en el proceso. De cuando en cuando designe a varios alumnos para repasar las lecciones anteriores.

Guiando las percepciones sensoriales

Todos aprendemos a través de los cinco sentidos: las entradas a nuestra mente. Los alumnos aprenden mejor mediante un empleo variado de sus percepciones sensoriales. Las siguientes estadísticas lo corroboran:

El alumno y la enseñanza bíblica   67

Los alumnos retienen hasta un . . .

10% de lo que **oyen**
30% de lo que **ven**
50% de lo que **ven y oyen**
70% de lo que **ven, oyen y dicen**
90% de lo que **ven, oyen, dicen y hacen**

La capacidad para recordar

Método de enseñanza	A las tres horas	A los tres días
Solamente oyendo	70%	10%
Solamente viendo	72%	20%
Oyendo y viendo	85%	65%

La conclusión es obvia. El aprendizaje es más eficaz y duradero cuando participan varios sentidos. Su papel, entonces, es usar métodos de enseñanza variados y que apelen a múltiples sentidos.

Guiando las actividades de aprendizaje

Los alumnos aprenden más mediante actividades, porque el aprendizaje es una experiencia activa, no pasiva. El aprender no es algo que sencillamente les ocurre a los alumnos; es algo que ellos hacen. Como revelan los datos anteriormente señalados, cuanto más alto sea el nivel en que participe el alumno, tanto mayor será la eficacia y durabilidad del aprendizaje.

El secreto de una buena enseñanza es guiar a los alumnos en el mismo proceso de estudio bíblico en el que usted se vio envuelto durante la preparación de la lección. Usted no puede digerir de antemano todo el material y darlo a los alum-

68 Enseñanza que transforma

nos en dosis claras y premeditadas. En vez de eso, usted debe esforzarse constantemente por hacer que participen por sí mismos en el estudio de la Biblia.

Comience por decidir qué parte de la historia o del pasaje bíblico abarcará. El tener el propósito de la lección bien planteado y enfocado hacia una respuesta activa le guiará en el proceso de selección.

También debe elegir los métodos de enseñanza que complementan mejor sus objetivos y debe decidir qué materiales adicionales usará. Los alumnos aprenden indirectamente a través de historias, ilustraciones y ejemplos. Se puede activar sus sentimientos, agitar sus emociones y activar su imaginación. Los alumnos aprenden directamente mediante su participación en actividades, tales como proyectos, tareas, trabajos manuales, debates, dramas y pantomimas. Los mejores métodos que hacen participar activamente a los alumnos apelan al interés de ellos y sus necesidades, y refuerzan así el aprendizaje.

Guiando la motivación de los alumnos

Su tarea como maestro es ganarse la atención del que no atiende, el interés del desinteresado, y despertar al indiferente. Para esto, usted debe ser motivador, inspirando a sus alumnos a asistir regularmente, a estudiar, a participar y a responder a las verdades de la Palabra de Dios. Como el motor del aprendizaje es la motivación, obviamente es un factor crucial en el proceso de aprendizaje. Una de sus tareas prioritarias, en-

El alumno y la enseñanza bíblica 69

tonces, es motivar a sus alumnos a aprender, y los alumnos se ven más motivados cuando el aprendizaje es atractivo, gratificante, emocionante y divertido.

Tipos de motivación

Los dos tipos de motivación que existen en el proceso de enseñanza y aprendizaje son: *extrínseco* e *intrínseco*. La motivación extrínseca, como lo indica la palabra, es un estímulo externo a la experiencia de aprendizaje, tales como premios, recompensas, juegos y competencias. La motivación intrínseca proviene de la satisfacción de las necesidades internas del aprendiz. Aquí se encuentran implicados los deseos, las exigencias y los intereses personales del alumno.

Ha habido gran cantidad de debates en torno a los méritos de ambos tipos de motivación. Cada cual tiene su lugar. La motivación intrínseca parece estar más acorde con los objetivos de la educación cristiana. Esta busca que el estudio de la Palabra sea tan significativo e importante que el alumno reciba una satisfacción genuina al hacerlo. El evangelio, en sí, es la mejor motivación posible, ya que transforma la vida de las personas. El aprendizaje aumenta su valor cuando los alumnos ven que sus necesidades son satisfechas mediante la aplicación de los principios bíblicos a su vida.

Por otra parte, la motivación extrínseca es beneficiosa cuando se usa sabiamente. El peligro se encuentra en un uso extremo y exclusivo de esa motivación. Al apelar a una motivación externa, usted debe evaluar no sólo sus resultados

70 Enseñanza que transforma

inmediatos, sino también qué actitudes, sentimientos y conflictos puede producir. Otro problema con la motivación extrínseca es que deben incrementarse constantemente las dimensiones de la recompensa.

Factores que generan motivación

1. *Un sentido de aceptación y pertenencia:* Trate de crear un espíritu unido en la clase.

2. *Un ambiente de amor y preocupación:* Ame genuinamente a sus alumnos y muestre interés por la vida y el crecimiento espiritual de ellos.

3. *Un sentido de logro:* Déles a sus alumnos atención individual para asegurar que sus actividades tengan éxito.

4. *Un reto:* Ayude a sus alumnos a fijarse metas elevadas. Asígneles tareas y vea que las completen. Hágales saber que usted espera algo de ellos.

5. *Participación:* Permita que sus alumnos sugieran metas de aprendizaje por las cuales esforzarse, y formas de alcanzarlas. Déjelos compartir en actividades de planificación de clases, proyectos y cursos de estudio.

6. *Una aplicación a la vida real:* Haga un esfuerzo por aprender acerca de las situaciones que sus alumnos enfrentan diariamente, y enfoque su enseñanza hacia sus necesidades.

Guiando la calidad de las relaciones entre los alumnos

Los alumnos aprenden mejor cuando se les trasmite un sentido de pertenencia y un sentimiento de participación y colaboración en la cla-

El alumno y la enseñanza bíblica **71**

se. Como maestro eficiente, usted puede guiar el desarrollo de las relaciones en la clase siendo una persona que se preocupa por los demás. Usted debe amar a sus alumnos no sólo como grupo, sino también como individuos únicos, encarando los problemas personales y alimentando sus sueños y esperanzas. Debe interesarse no sólo por sus necesidades espirituales, sino también por todas las demás esferas de su vida. Alguien ha parafraseado muy acertadamente 1 Corintios 13:13 de la siguiente manera: "Como maestro, debo poseer estos tres: conocimiento, técnica y amor. Pero el mayor de estos es el amor."

PREPARE A SUS ALUMNOS PARA QUE APRENDAN

Comprender cómo ocurre el aprendizaje y lograr que se produzca son dos cosas diferentes. La clave para una experiencia de enseñanza y aprendizaje exitosa es una preparación apropiada, tanto del maestro como de los alumnos. Como maestro, a usted se le anima e instruye a preparar sus lecciones, sus ayudas visuales y su propio corazón. Claro está, usted necesita hacer todas esas cosas, pero también necesita saber cómo preparar a sus alumnos para aprender. Considere lo que puede pasar si no fuera así:

Hace cinco minutos que comenzó la clase de intermedios en la Escuela Dominical de "Mucha Suerte". Aunque los intermedios fueron cambiados para el aula de principiantes el mes pasado, el mobiliario y las decoraciones aun no han sido cambiadas. Como el maestro no ha llegado, las

72 Enseñanza que transforma

chicas se entretienen haciendo dibujos en la pizarra, mientras los varones construyen una pirámide de sillas encima de la mesa.

El maestro entra en el local poniendo mala cara y regañando a los alumnos. Transcurridos varios minutos logra que todos se sienten y pregunta: "Bien, muchachos, ¿de qué hablamos la semana pasada?" Su pregunta es recibida con silencio. "Justo lo que pensaba. No prestaron atención, ¿verdad? Bueno, esta semana vamos a estudiar el capítulo trece de Romanos. Susi, tú leerás el versículo uno. Oscar, tú el dos. Débora, tú leerás el tres. . ."

Los alumnos leen a regañadientes los versículos asignados, pronunciando incorrectamente las palabras más difíciles, para el disfrute del resto de la clase.

— Maestro, ¿qué significa or-de-nan-za? — pregunta Roberto.

— Oh, no me molestes con tus tontas preguntas, Roberto. Estás tratando de burlarte de mí. Además, estamos perdiendo tiempo. Tengo que acabar la lección.

Ante tal respuesta los alumnos se recuestan en sus asientos mientras que el maestro lee pesadamente acerca de cuán horrible es la forma en que las personas quebrantan las leyes hoy día. Finalmente suena el timbre y los alumnos se agolpan y se empujan al salir por la puerta, terminando así otro emocionante día en la Escuela Dominical de "Mucha Suerte" en la "Fábrica del Viejo Aburrimiento".

El maestro falló en preparar a sus alumnos

El alumno y la enseñanza bíblica **73**

para aprender. Fácilmente usted puede señalar los problemas:

1. *Falta de preparación física:* El mobiliario era de dimensiones incorrectas y la decoración inapropiada.

2. *Falta de preparación mental:* El maestro no trató de ganarse el interés de los alumnos ni de satisfacer sus necesidades. No hizo lo más mínimo por estimular el razonamiento o el debate. Tenía un único objetivo en mente: dar la lección.

3. *Falta de preparación emocional:* El maestro exhibió una actitud poco amistosa, crítica, desconfiada, irrespetuosa, y no mostró interés en las preguntas de los alumnos. Sobre eso, llegó tarde a la clase.

¿Cuál es la solución? Es necesario una adecuada preparación física, mental y emocional.

La preparación física

Si los alumnos se sienten incómodos no serán aprendices atentos. Su primera responsabilidad, entonces, es asegurar el bienestar físico de sus alumnos. La apariencia general del local es una cuestión importante. Un aula limpia y ordenada influye en el buen comportamiento de los alumnos. Un local bien iluminado y alegre, con decoraciones apropiadas en las paredes, mejora el aprendizaje. Hablaremos sobre eso en el capítulo 5.

La preparación mental

Si usted no logra captar la atención de sus alumnos en los momentos iniciales, la puede perder por el resto de la clase. Planifique una

74 Enseñanza que transforma

buena introducción para su lección. Los niños más grandes, los jóvenes y los adultos disfrutan del desafío mental, por lo tanto, use preguntas y debates que motiven al razonamiento. Plantee un problema y guíe a la clase por las Escrituras en busca de respuestas. El análisis de situaciones específicas y las historias sin final definido, son excelentes formas para comenzar. Utilice también las tareas y otras actividades para estimular la preparación mental durante la semana.

La preparación emocional

Todos hacemos mejor lo que más disfrutamos. Prepare emocionalmente a sus alumnos haciendo del aprendizaje algo deseable, emocionante y divertido. Su propia actitud hacia la experiencia del aprendizaje afectará grandemente la actitud de sus alumnos.

Es esencial crear un ambiente relajado en el que sus alumnos se sientan libres para responder. Tener una actitud abierta, de honestidad y aceptación, provocará una respuesta similar de parte de sus alumnos.

También es importante que acepte a sus alumnos tal como son, por lo que son, y debe respetarlos como personas. Póngase en el lugar de ellos y trate de ver las cosas desde su punto de vista.

Claro, lo mejor que usted puede hacer para preparar a sus alumnos emocionalmente es amarles, preocuparse realmente por ellos como individuos, a pesar de cómo reaccionen hacia usted. Busque formas de demostrar activamente

El alumno y la enseñanza bíblica 75

su amor por ellos, no sólo mediante palabras y gestos, sino también mediante los hechos.

PARA ESTUDIO ADICIONAL

1. ¿Qué puede hacer para conocer mejor a sus alumnos?
2. ¿De qué manera puede ayudarle el conocimiento del hogar y de la vida familiar de sus alumnos a enseñarles con mayor eficiencia?
3. ¿En qué sentido puede serle de ayuda la información acerca de sus alumnos en la planificación de sus lecciones?
4. ¿En qué forma actúa el maestro como un guía turístico?
5. ¿Cómo puede hacer participar a sus alumnos en el proceso de aprendizaje?
6. ¿Qué puede hacer usted para motivar a sus alumnos a ser mejores aprendices?

5

El plan para una enseñanza bíblica eficaz

Cinco minutos antes de comenzar la Escuela Dominical, Alfredo está muy preocupado. En realidad, algunos de sus alumnos ya han llegado y les gustaría conversar con él si no estuviera tan atareado. Pero Alfredo tiene cosas más importantes que hacer que conversar con sus alumnos. Se encuentra leyendo frenéticamente el manual de la lección, subrayando los puntos clave a tratar. También está buscando en su paquete de ayudas visuales los recursos recomendados. Todavía le falta organizar el local y actualizar el mural.

Cuando Alfredo finalmente logra comenzar, hace la mayor parte del trabajo: contar la historia, buscar versículos apropiados, hacer preguntas; mientras sus alumnos se encuentran sentados pasivamente. Sí, es verdad que Alfredo está muy ocupado esta mañana.

En el aula de Marcos se desarrolla una escena muy diferente. Él también está muy ocupado, pero de manera diferente. Escribió su plan de la lección los primeros días de la semana. Preparó sus medios de enseñanza y los colocó en orden ayer por la tarde. Organizó el local y situó los materiales de trabajo en las mesas con treinta minutos de antelación. Cuando sus alumnos llegaron, Marcos les pidió que buscaran en unas revistas láminas relacionadas con el tema de la lección. Un grupito de alumnos se sentó en una mesa para conversar con él acerca de la semana transcurrida, al mismo tiempo que buscaban versículos para usar en la clase. Una vez comenzada la lección, Marcos continuó actuando de manera natural, guiando las actividades.

Obviamente, ambos maestros planearon y prepararon su clase en forma bastante diferente. Uno comenzó a hacerlo con días de antelación; el otro lo dejó todo hasta el último momento. Uno vio su papel como guía para las actividades de aprendizaje de sus alumnos; papel que no podría cumplir entre bastidores. El otro se vio a sí mismo como el distribuidor de información; papel que le exige ser el centro de atención de la clase. La teoría del "iceberg" es aplicable a una planificación bíblica eficaz del maestro y los esfuerzos de presentación.

La teoría del iceberg

78 Enseñanza que transforma

Una buena experiencia de enseñanza y aprendizaje en el aula es el resultado de mucha planificación y preparación. El maestro está activo en la planificación durante la semana de manera que los alumnos puedan ser aprendices activos en el aula. Su desempeño como maestro está determinado por la manera como usted planifica y se prepara.

Consideremos algunos de los pasos implicados en el proceso y cómo pueden producir un cambio en su enseñanza.

LA PLANIFICACIÓN PRELIMINAR

La preparación de la lección debe comenzar con semanas de antelación. Familiarícese con todas las lecciones de este período del curso, las cuales le deben haber sido entregas por su superintendente o director de educación cristiana.

Comience con el nuevo trimestre leyendo todo el manual para maestros de una vez. Esto le ayudará a ver cómo encaja cada lección en el todo. Lea también los materiales trimestrales para el alumno de modo que sepa qué estarán estudiando sus alumnos. A medida que se prepare, tome nota de aspectos y preguntas que surjan, y apunte ideas sobre los métodos de enseñanza, ilustraciones para la lección, tareas para los alumnos, y formas de presentar y aplicar las lecciones. Mantenga en mente las necesidades de sus alumnos durante el proceso y comience a agrupar los materiales de enseñanza que necesitará.

Su preparación también debe incluir un es-

El plan para una enseñanza bíblica eficaz **79**

tudio a fondo del contenido bíblico de la lección. Pudiera leer los pasajes durante sus lecturas devocionales diarias de modo que la Palabra de Dios pueda hablarle a usted primero, antes de enfocarla como maestro. Tenga en mente estas seis preguntas a medida que avanza en la lectura:

1. ¿Quiénes son las personas que participan? ¿Quiénes son el autor y los lectores?

2. ¿Cuáles son los lugares y escenarios?

3. ¿Dónde se desarrollan los acontecimientos?

4. ¿Cómo son presentados los hechos?

5. ¿Por qué las cosas ocurrieron de ese modo? ¿Por qué el autor dijo lo que dijo?

6. ¿Cuál es la importancia de la historia o el pasaje para nosotros hoy?

Mientras planifica su lección, lea el pasaje o la historia en varias versiones o paráfrasis de la Biblia. Busque el significado de cualquier palabra o concepto desconocido para usted en un diccionario bíblico, comentario o manual, y estudie el contexto y la ubicación histórica.

LA PLANIFICACIÓN DE LOS OBJETIVOS DE LA ENSEÑANZA Y EL APRENDIZAJE

Un viejo "filósofo" campesino dijo: "La razón por la cual alguna gente no llega a ningún lado es que en realidad no estaba yendo a ninguna parte." Lo mismo puede decirse de muchos maestros cristianos: su enseñanza no lleva a ninguna parte. Con demasiada frecuencia los alumnos aprenden poco porque el maestro no está seguro de lo que quiere que aprendan.

80 Enseñanza que transforma

Muchos maestros dedican tiempo a estudiar la lección, elaborar un plan, recolectar materiales de enseñanza y planificar el uso de métodos; pero fracasan en tener un objetivo de la lección para guiar a sus alumnos. La comunicación de la Palabra de Dios para satisfacer las necesidades de los alumnos es demasiado importante para hacer esfuerzos sin propósitos definidos. Si cada maestro planificara un buen objetivo para su lección, esto mejoraría la calidad de la enseñanza bíblica en cada iglesia local más que cualquier otra cosa.

Defina los objetivos de la lección

El diccionario define un objetivo como "actividad dirigida en forma ordenada hacia la realización u obtención de algún fin". En la enseñanza bíblica, el objetivo es simplemente una descripción de lo que el maestro quiere que acontezca en la vida de los alumnos como resultado de aprender la lección. Los objetivos de la enseñanza cubren un gran campo de acción.

El *objetivo general* es producir un crecimiento hacia la madurez en Cristo. Pablo nos da esta meta primaria en Efesios 4:13: "Hasta que todos lleguemos a la unidad de la fe y del conocimiento del Hijo de Dios, a un varón perfecto, a la medida de la estatura de la plenitud de Cristo." Aunque esta meta quizá no sea alcanzada en nuestro cuerpo terrenal, es una meta para toda la vida por la que siempre debemos esforzarnos.

La meta general se alcanzará por partes y, por lo tanto, sólo mediante una serie de objetivos

El plan para una enseñanza bíblica eficaz 81

intermedios más pequeños. El maestro debe plantear esos objetivos intermedios como *trimestrales* y *por unidades*. El formular un objetivo para el conjunto de series de lecciones ayudará al maestro a ver cómo cada lección contribuye al todo. El objetivo trimestral debe entonces ser dividido en varios objetivos por unidades, cubriendo dos o más lecciones que tengan alguna relación.

Los *objetivos para cada lección* son los pasos intermedios a tomarse para completar los objetivos por unidades y trimestres, y finalmente, ellos contribuyen al objetivo integral en sí. Dirigiremos nuestra atención durante el resto de esta sección a la estructuración de los objetivos de las lecciones individuales.

Los objetivos de la lección están compuestos de tres partes:

1. *Conocimiento, o dominio del contenido bíblico.* Este objetivo usualmente se plantea: "Contribuir a que mis alumnos conozcan. . ." o: "Contribuir a que mis alumnos comprendan que . . ." La mayoría de los objetivos de las lecciones, si se redactaran, serían de este tipo.

2. *Actitudes, o un cambio de sentimientos y deseos.* Este objetivo usualmente se plantea: "Contribuir a que mis alumnos sientan. . ." o "Contribuir a que mis alumnos deseen. . ."

3. *Acciones, o cambio de comportamiento.* Este objetivo se plantea: "Ayudar a mis alumnos a comenzar. . ."

Un objetivo bien pensado de una lección incluirá un equilibrio entre estas tres partes. Sin embargo, si el objetivo fundamental de la ense-

82 Enseñanza que transforma

ñanza cristiana es ver a los alumnos crecer hacia la madurez en Cristo, enseñar solamente con un objetivo de contenido o conocimiento, o con un objetivo centrado tan sólo en actitudes y deseos, será insuficiente. Cuando enseñamos para el crecimiento, debemos hacerlo en pro de un cambio de conducta. Conocer y sentir son parte de la respuesta de *hacer*. Para estar seguros, un cambio en el comportamiento frecuentemente va precedido por una transformación del conocimiento y la actitud; la enseñanza para un cambio de conducta y comportamiento es el tipo de enseñanza bíblica eficaz que produce una verdadera renovación en las vidas.

La necesidad de los objetivos de la lección

La meta de la educación cristiana es llevar al alumno hacia la madurez en Cristo. Cada lección debe ser un paso más en esa dirección: un cambio, una respuesta que acerque cada vez más al alumno a la meta de ser conforme a la imagen de Cristo.

Antes que el maestro planifique el aprendizaje, debe saber con exactitud el fin que desea alcanzar. Más claramente, debe decidir hacia dónde se dirige antes de planificar cómo llegar allí. Cuanto más claro sea el objetivo, tanto más fácil será hacer la planificación para alcanzarlo.

Una lección con objetivo impide que el maestro trate de abarcar demasiado en una sola clase. La mayoría de la enseñanza bíblica se parece a un disparo con buena puntería de un rifle de cartuchos. Puede dar en una amplia gama de

El plan para una enseñanza bíblica eficaz **83**

necesidades espirituales; pero, con frecuencia, sin suficiente impacto como para producir un verdadero cambio o como para marcar una diferencia significativa. Los alumnos se van con unos pocos perdigones de verdades bíblicas incrustados, pero no los suficientes como para lograr que ocurran cambios en su forma de pensar, sentir o actuar.

Un maestro puede mejorar los resultados enfocando sus planes de la lección hacia una sola esfera de necesidades. Una lección con un objetivo bien diseñado le ayudará a obtener cambios significativos en la esfera elegida.

Un buen objetivo es el principal factor controlador del proceso de enseñanza y aprendizaje. Todas las decisiones se hacen sobre la base del objetivo planteado. Los métodos y los materiales se incluyen o eliminan basados en su importancia para el objetivo propuesto. Un buen propósito sirve también como base para una evaluación. ¿Los métodos que usó le ayudaron a alcanzar su meta? ¿Incluyó los materiales adecuados? ¿Vio algún cambio en sus alumnos? Su objetivo puede contribuir a responder estas interrogantes.

Características de un buen objetivo de la lección

Hágase las siguientes preguntas para evaluar el objetivo de su lección:

1. ¿Es lo suficientemente conciso como para ser puesto por escrito? Muchos maestros tienen una vaga idea de un objetivo de la lección, pero eso no es lo suficientemente preciso para ser

84 Enseñanza que transforma

eficiente. Usted debe ser capaz de escribir el propósito de su lección en forma clara en una sola oración. Sólo entonces le servirá de guía en el desarrollo de la misma.

2. *¿Es lo bastante específico como para ser alcanzable?* La mayoría de los objetivos de las lecciones son demasiado amplios y demasiado generales. Un buen objetivo de la lección se concentra en esferas específicas de la vida de los alumnos, donde la verdad bíblica puede ser puesta en práctica. La respuesta exigida debe ser lo suficientemente realista como para que se lleve a cabo. Los alumnos deben ser capaces de comenzar la aplicación del proceso inmediatamente.

3. ¿Es lo suficientemente flexible como para llevarlo al plano personal? Es posible definir un objetivo para la lección de modo demasiado específico. Como el maestro no puede conocer todas las esferas de necesidad, el objetivo de la lección debe ser suficientemente flexible para permitir que el Espíritu Santo guíe a los aprendices hacia la única respuesta que Él quiere que tengan.

Cómo desarrollar el objetivo de una lección

Desarrollar un objetivo de la lección es la parte más difícil, si bien la más importante, de la planificación de la lección. Deben tenerse en consideración dos factores. En primer lugar, el objetivo debe brotar del significado del pasaje o la historia bíblica. Nunca es aceptable leer en las Escrituras lo que allí no dice. El objetivo debe tener su base en los profundos principios de interpretación bíblica. En segundo lugar, el ob-

El plan para una enseñanza bíblica eficaz 85

jetivo debe tener relación con las necesidades de los alumnos. Como anteriormente se planteó, el maestro debe conocer las necesidades de los alumnos y en qué aspectos la verdad enseñada en la lección toca sus vidas.

Los objetivos impresos en los materiales para la lección pueden ser un recurso útil para el desarrollo del objetivo de la lección. Pero ningún escritor de materiales de enseñanza puede estructurar un objetivo para satisfacer las necesidades de todos. Generalmente usted tendrá que reestructurar el objetivo para adaptarlo a las necesidades de sus alumnos.

EL DESARROLLO DEL PLAN DE LA LECCIÓN

Planifique el enfoque

Después que sepa lo que desea lograr, planee una forma de hacer participar a sus alumnos en el cumplimiento de la meta. Las personas llegan a la clase con muchas cosas en sus mentes, así que usted debe encontrar una manera de captar su atención e interesarlas en la lección. Lo primero que hace un buen enfoque es despertar el interés y guiar de forma natural hacia la lección. Durante los primeros momentos de la clase, usted debe preparar a sus alumnos para descubrir respuestas bíblicas para sus necesidades personales. Aunque el enfoque es la primera parte del plan de la lección, tal vez algunas veces usted quiera desarrollar el resto de la lección antes de decidir cómo comenzará.

86 Enseñanza que transforma

Planifique el contenido bíblico

Ahora usted está listo para entrar en acción en la organización del contenido bíblico. Su propósito es comprender lo que dice la Biblia, de qué trata el pasaje o la historia, y qué soluciones ofrece a los problemas o situaciones. Sus alumnos necesitan saber qué enseña la Biblia antes que puedan aplicarlo a sus vidas. Una de sus decisiones más importantes en esta parte de la lección es determinar qué materiales bíblicos incluir y cuáles omitir. La parte cognoscitiva del objetivo de su lección servirá como guía para hacer estas elecciones.

Además de seleccionar sus materiales, usted debe también decidir qué métodos usará. Trate de incluir al menos dos o tres formas diferentes de presentar el contenido de la lección de manera que el interés y la participación de los alumnos no decaigan.

Planifique la aplicación práctica

La parte de la aplicación de su plan de la lección puede ser dividida en dos secciones: llevar la verdad al plano personal y la planificación de la respuesta a obtener. La primera parte de este proceso en dos pasos es ayudar a sus alumnos a ver las implicaciones que la verdad contenida en la lección tiene para sus vidas. No es suficiente para sus alumnos saber lo que dice la Biblia, usted debe guiarlos a descubrir cómo esas verdades se relacionan con ellos de forma personal. Guíelos a concentrarse en esferas de aplicación específicas. Aquí es donde se le dará cum-

El plan para una enseñanza bíblica eficaz 87

plimiento a la parte del objetivo de la lección relativa a la actitud. Planee en oración esta sección de su plan de la lección. Sólo el Espíritu Santo conoce las verdaderas necesidades de sus alumnos y solamente Él puede dirigirle para ayudarles a darse cuenta de sus necesidades.

La segunda parte del proceso es guiar a sus alumnos para responder a la lección de alguna manera específica. Recuerde que no es suficiente para ellos el conocer la verdad bíblica, ni aun el ver sus implicaciones para su vida. Usted debe ayudarles a planear cómo comenzar a aplicar y poner en práctica en la vida diaria la verdad aprendida en la lección. La parte del objetivo de la lección relativa a la conducta se lleva a cabo precisamente aquí. Planifique cuidadosamente esta parte de la lección, no la deje como una idea de última hora, para el final del período de clase.

Guíe a sus alumnos para que lleguen a sus propias conclusiones, dirigidos por su estímulo y la obra convincente y persuasiva del Espíritu Santo. Cada alumno debe determinar pasos específicos para comenzar a responder a la verdad de la lección en la próxima semana. Esta parte del proceso tampoco debe ser apresurada, así que asegúrese de tener suficiente tiempo. Elabore memorándums con las decisiones de los alumnos. En la próxima clase, vea si hicieron según lo planeado.

LA PLANIFICACIÓN DE OTROS DETALLES

También debe prestársele atención a los siguientes detalles de la planificación de la lección:

1. Planifique el uso de los métodos. Su plan

88 Enseñanza que transforma

de la lección se completa mediante el uso de varios métodos. Como el aprendizaje es un proceso activo para los alumnos, los mejores métodos son los que los hacen participar activamente. Cada plan de la lección debe emplear técnicas de enseñanza variadas.

2. Prepare los recursos docentes. Asegúrese de tener disponibles todos los medios de enseñanza que pretende utilizar. Comenzando con suficiente anticipación la planificación de la lección, dispondrá de tiempo para garantizar todos los suplementos necesarios y preparar todos los recursos. Organice sus materiales docentes en el mismo orden en que planea usarlos.

3. Especifique actividades para los alumnos. Elabore tareas para ellos con el adelanto suficiente como para que los alumnos puedan prepararse adecuadamente. Controle tareas durante la semana antes que sean cumplidas. Exija que las entreguen.

4. Planifique la distribución del tiempo. A medida que desarrolle su plan de la lección, piense en el horario y haga un estimado del tiempo que requerirá cada parte. Escríbalo en algún lugar de su plan de la lección y hágalo de acuerdo con la hora del reloj y no según el tiempo que usará. Por ejemplo, si la clase comienza a las nueve y treinta y la actividad introductoria de su lección le tomará diez minutos, escriba nueve y cuarenta en el margen izquierdo en el lugar donde comienza el contenido bíblico de su bosquejo. De esa forma podrá echar un vistazo a su reloj y darse cuenta inmediatamente en qué

El plan para una enseñanza bíblica eficaz 89

punto se encuentra en vez de tener que calcular el tiempo que ha usado y el que le resta.

5. *Acondicione el aula.* Una de las cosas que más influyen sobre sus alumnos es el aula, por lo tanto, piense cómo puede acondicionarla mejor. Considere los siguientes aspectos:

Necesidad de espacio. El tamaño del local de que disponga determina qué métodos y actividades podrá utilizar. Si el local es pequeño, pudiera eliminar la mesa y emplear tableros personales y el espacio de las paredes para los trabajos artísticos y escritos.

Niveles de sonido. Los alumnos deben escuchar claramente y sin distracciones. Use un pequeño sistema de amplificación si se encuentra en una habitación muy grande. Considere el uso de alfombras o cartones para absorber el sonido. Trabaje en cooperación con las clases vecinas para eliminar las interferencias.

Iluminación. Controle la cantidad y distribución de la luz en el local. Busque alguna forma de regular la iluminación necesaria para las diferentes actividades, tales como trabajos manuales, o para ver diapositivas. Evite pararse frente a una ventana u otra fuente de luz, ya que esto forma una silueta que oscurece sus expresiones faciales.

Mobiliario. Las mesas y las sillas deben ser del tamaño correcto según la edad del grupo. Asegúrese de tener sillas extras para las visitas. Pinte los muebles viejos para eliminar las rayas y otras señales de desgaste. Las tizas, las tablillas informativas y las láminas deben colocarse

90 *Enseñanza que transforma*

a la altura de los ojos de los alumnos. Mantenga actualizados los anuncios y los carteles.

Decoración. Los colores de la habitación tienen gran influencia sobre las emociones y las actitudes de sus alumnos. El anaranjado, el rojo y el amarillo producen un sentimiento de entusiasmo, pero hacen que la habitación parezca más pequeña. Los tonos de azul y verde crean un ambiente más abierto y relajado y hacen que la habitación parezca más grande. Los carteles en las paredes pueden usarse con eficiencia para adornar el aula. Sin embargo, no tenga tablillas informativas o carteles muy llamativos detrás de usted; restarán mucho a sus esfuerzos.

Temperatura y ventilación. Mantener una buena ventilación, e incluso, una temperatura agradable es muy importante si usted quiere retener la atención de sus alumnos. En los departamentos de jóvenes y adultos, una temperatura ligeramente fresca favorecerá el aprendizaje y la participación de los mismos. Los locales para niños pequeños deben mantenerse un poco más abrigados. Posibilite el movimiento del aire mediante ventiladores, pero asegúrese de que tengan suficiente protección para evitar cualquier accidente.

Apariencia. La apariencia general de su aula es algo que también influye grandemente en sus alumnos. Tenga la habitación bien arreglada antes que lleguen. Las paredes, el piso y las ventanas deben estar limpias y las instalaciones eléctricas deben funcionar correctamente. Evite acumular papeles y otros materiales en las me-

El plan para una enseñanza bíblica eficaz 91

sas y los armarios, encima del piano o en alguna otra parte.

Almacenamiento. Es necesario tener un amplio espacio para almacenar los medios de enseñanza, los equipos audiovisuales y los materiales para trabajos manuales. Los maestros deben tener escaparates con cerraduras. Deben proporcionarse estantes abiertos en las aulas de los niños para que puedan aprender a separar sus materiales. Los escaparates y los armarios deben limpiarse y organizarse frecuentemente.

PARA ESTUDIO ADICIONAL

1. ¿Cómo contribuye la planificación preliminar a que el planeamiento de la lección sea más eficaz?

2. ¿Qué ocurre cuando un maestro trata de abarcar demasiado contenido en una sola lección?

3. ¿En qué se asemejan los objetivos de su lección a las características de un buen objetivo para la misma?

4. ¿Qué papel desempeña el objetivo de su lección en la planificación del contenido bíblico de la misma?

5. ¿Por qué no es suficiente para sus alumnos conocer solamente la porción de contenido bíblico de su lección?

6. ¿Qué puede hacer usted para lograr en su aula un ambiente de aprendizaje más eficiente?

6

La esencia de la enseñanza bíblica eficaz

Imagínese preparando un sabroso helado de chocolate para un grupo de sus alumnos mientras ellos observan. Usted añade todos los adornos: nueces picadas, crema batida y cerezas. Sus alumnos están muy atentos, con las bocas hechas agua; pero justo cuando está listo para servir el banquete, suena la campana. Entonces usted vierte el helado en la basura y despide a los alumnos.

Usted nunca haría algo semejante, pero cosas similares ocurren cada semana en muchas clases de la Escuela Dominical. El profesor emplea cuarenta y cinco minutos preparando un maravilloso manjar de verdades bíblicas, adornado con ilustraciones y ayudas visuales. Sin embargo, justo cuando él debe dar a sus alumnos algo para llevar a sus casas, suena la campana y se pierde el impacto de la clase. La verdad sirve de poco porque los alumnos no son guiados a aplicarla en su vida.

Aunque son los alumnos quienes deben aplicar la verdad de la lección a su vida, usted como maestro tiene la responsabilidad de guiarlos a descubrir y a responder a la verdad bíblica de forma que esta pueda producir un cambio en

La esencia de la enseñanza . . . 93

ellos. Recuerde que "el maestro no ha enseñado hasta que el alumno no haya aprendido".

El corolario a esta declaración es: "El alumno no ha aprendido hasta que no ponga en práctica lo enseñado." Esto significa que usted no puede dejar de enseñar después de presentar el contenido de la lección. Debe también ayudar a sus alumnos a construir un puente entre el contenido y sus necesidades personales. Hacer esto "requiere que hagamos un viaje de ida y vuelta. Comenzamos viajando desde nuestro propio tiempo y lugar al mundo antiguo de la Biblia. Luego tomamos el viaje de regreso a nuestra propia experiencia en la vida."

ENSEÑANDO PARA TRANSFORMAR

Sus alumnos no pueden responder a las verdades espirituales sin experimentar algún cambio. El cambio es parte natural de todo crecimiento. Si no hay cambio no hay crecimiento. El aprendizaje mismo es un proceso de cambio; implica cambio de hechos, sentimientos, actitudes y acciones. Su meta debe ser enseñar de forma tal que produzca un cambio en la forma de vida de sus alumnos.

Resistencia al cambio

Aunque el cambio es necesario y útil, sus alumnos no siempre estarán de acuerdo. Ellos pudieran resistirse al cambio por las siguientes razones:

1. Pérdida de seguridad. Lo desconocido y poco familiar es incierto y provoca temor. Se

94 Enseñanza que transforma

prefiere lo familiar, porque la gente sabe qué esperar. Busque el conectar las nuevas verdades y acciones con lo ya probado y familiar. El cambio siempre avanza desde lo conocido hacia lo desconocido.

2. Pérdida de posición. Sus alumnos se resistirán al cambio si sienten que sus intereses de alguna forma son amenazados. Procure que ellos estén seguros de que lo que están por alcanzar será mejor que lo que están dejando atrás, que valdrá la pena el esfuerzo por cambiar.

3. Crítica implícita del status quo. Defender nuevas ideas pudiera sugerir a algunos alumnos un descontento con el estado actual de las cosas. Para vencer esto, convenza a sus alumnos de que usted los ama y acepta como son, mientras los estimula a unírsele para crecer juntos y llegar a ser lo que Dios quiera que sean.

4. Idea innecesaria o inútil. Algunos de sus alumnos pudieran ver su situación presente como satisfactoria o como totalmente desesperanzada. Ellos pudieran resistirse al cambio debido a que ya una vez se intentó algo similar y no hubo éxito. Dos palabras pueden matar cualquier nueva idea: *nunca* y *siempre*. "Nosotros *nunca* lo hicimos así antes. Nosotros *siempre* lo hicimos así." Ayude a sus alumnos a ver que el cambio se necesita y es posible. Recuérdeles que si Dios pudo cambiar la vida de la gente en la Biblia, Él puede hacer lo mismo con ellos. De manera ocasional puede utilizarse un cuestionario o formulario de evaluación personal para

La esencia de la enseñanza ... 95

ayudar a señalar los aspectos en los que necesitan cambiar.

Iniciando el cambio

Usted puede hacer varias cosas para que sus alumnos sean más receptivos a la idea del cambio.

1. *Permita a sus alumnos compartir la planificación.* Ellos estarán más dispuestos a aceptar el cambio si lo consideran como su idea y están comprometidos en su implementación.

2. *Comience con cambios pequeños.* Haga un solo cambio a la vez. Muy a menudo hablamos de aspectos extensos, generales, en vez de limitarnos a uno solo. Inculque en sus alumnos que los grandes cambios comienzan con un simple paso en la dirección correcta.

3. *Desarrolle un plan de acción específico.* Ayude a sus alumnos a decidir qué, dónde, cuándo y cómo pueden hacerse los cambios. Use enfoques variados en el desarrollo de sus planes. Diseñe algunas actividades de cambio como proyectos de grupo, donde cada uno esté comprometido en la planificación y terminación del proyecto. En otras oportunidades use grupos pequeños para compartir planes e ideas. Deje algunos planes para ser desarrollados sobre una base individual.

4. *Sea optimista.* Los alumnos responderán mejor a posibilidades que a problemas. Enfatice los beneficios del cambio deseado sin imponer su criterio.

5. *Vigile su programación del tiempo.* Esté al

96 Enseñanza que transforma

tanto de algunas circunstancias extenuantes que pudieran afectar el éxito de los cambios sugeridos. Tome nota de la condición del grupo y de la actitud de los alumnos.

6. *Concéntrese en la meta.* No sólo se debe comprometer a hacer los planes para el cambio, sino que también se debe mantener el objetivo claramente enfocado en todo momento. La evidencia del progreso hacia la meta es la mejor motivación para más progreso. Recuerde que no hay nada tan exitoso como el éxito.

Aproveche sus recursos espirituales

Como maestro cristiano, usted tiene muchos recursos espirituales a su disposición para iniciar el cambio que se necesita. La Biblia está llena de ejemplos de líderes y maestros que efectuaron cambios. Permítales ser su inspiración. Recuerde que debe presentar sus ideas en oración a Dios. Ore también por usted mismo y por sus alumnos. Confíe en el poder del Espíritu Santo para romper la resistencia a lo nuevo, abrir las mentes cerradas y crear una disposición para el cambio.

LA APLICACIÓN DE LA LECCIÓN

¿Qué pasó durante los últimos cinco o diez minutos de su período de clase el domingo pasado? ¿Estuvo usted tratando de cubrir el resto del contenido de la lección? ¿Hizo tanto ruido el grupo de al lado que puso fin a cualquier otra cosa que usted hubiera querido enseñar? Tal vez el secretario de la clase comenzó a distribuir las hojas para

La esencia de la enseñanza . . . 97

llevar a casa. Los momentos finales de su clase son los más importantes en la enseñanza que transforma; es entonces cuando usted debe guiar a sus alumnos hacia una aplicación personal de la lección a las necesidades de la vida de ellos.

Métodos tradicionales para la aplicación de la lección

Tres métodos comunes para asegurar la aplicación de la lección son:

1. El método del contenido. "Siento que mi trabajo es sólo enseñar la lección y dejar a mis alumnos decidir por sí mismos cómo aplicar las verdades a su vida. Creo que si la lección es presentada clara y poderosamente, los alumnos automáticamente la pondrán en práctica."

2. El método de la ilustración. "Yo siempre trato de terminar la lección con una historia que ilustre cómo otros han aplicado la verdad bíblica en su vida. Siempre que puedo, doy un ejemplo personal. Creo que si mis alumnos ven cómo otros han respondido a la verdad de la Biblia, ellos desearán hacer lo mismo."

3. El método de la generalización. "Yo siempre estimulo a mis alumnos a aplicar las verdades de la lección en su vida durante la semana, y termino la clase con unas pocas sugerencias generales que puedan seguir. Luego lo dejo todo para que ellos y el Espíritu Santo lo resuelvan."

¿Pero son estos métodos realmente adecuados? ¿Producen algún cambio? En realidad, cada uno es imperfecto de alguna manera. El primer método a menudo viene a parar en un pequeño

98 Enseñanza que transforma

cambio, porque las lecciones no se transfieren automáticamente del conocimiento a la experiencia. El segundo es algo mejor, pero a menudo sólo funciona si la situación en la vida del alumno es muy similar a la de la ilustración usada en clase. Es muy fácil para el alumno olvidar todos los maravillosos ejemplos cuando se enfrenta a la vida. El tercer método es ineficiente porque carece de un enfoque específico. No es de gran ayuda para los alumnos el ponerlos a pensar en situaciones personales, sin ayudarlos a preparar formas de poner en práctica las verdades de la lección durante la semana.

Aplicación personal dirigida

En su libro *Creative Bible Teaching* [La enseñanza bíblica creativa], Lawrence Richards sugiere un método para la aplicación de la lección que es muy eficaz para que se produzca un cambio real en la vida de los alumnos. Él lo llama "Aplicación personal dirigida." Implica el siguiente proceso de cinco pasos:

1. Guíe a sus alumnos a repasar y volver a plantear el principio bíblico en el que se basa la lección. Este paso es importante porque le ayuda a saber si sus alumnos comprenden o no lo que dice la Biblia. También le ayuda a concentrarse en una sola verdad de la lección, en vez de tratar de cubrir todas las verdades que pueden ser enseñadas en la misma.

2. Guíe a sus alumnos a descubrir diversos aspectos de su vida en los que tiene aplicación el principio bíblico. Este paso ayuda a los alumnos

La esencia de la enseñanza . . . 99

a tender un puente entre su mundo y el de la Biblia. La primera parte de la aplicación de la lección (llevar la verdad al plano personal), analizada en el capítulo anterior, se desarrolla en este paso. Recuerde que su meta es ayudar a sus alumnos a ver la relevancia de la lección para sus propias circunstancias.

3. Lleve a los alumnos a que se concentren en sólo un aspecto para el análisis personal. Si los alumnos tratan de aplicar el principio bíblico a cada necesidad de su vida, sólo ocurrirán pequeños cambios. En vez de eso, ayúdelos a enfocar un solo aspecto en que necesiten cambiar. Así el proceso de cambio es menos previsible y más asequible.

4. Lleve a los alumnos a pensar en cómo aplicar la verdad de la lección en un aspecto de su vida. Esto puede hacerse, como se sugirió anteriormente, con toda la clase, en pequeños grupos o individualmente. La segunda parte del proceso de aplicación práctica (planificación de la respuesta a obtener) se cumple en este paso.

5. Aliente y ayude a los alumnos a llevar a cabo sus planes de aplicación durante la semana. Ayúdeles a comprender que se espera que pongan en práctica sus buenas intenciones. Esfuércese por continuar con sus planes allí mismo en la clase. Sin embargo, como la respuesta práctica usualmente tendrá lugar en algún momento durante la semana, haga saber a los alumnos que se les pedirá un informe sobre sus esfuerzos en la aplicación de la lección.

El siguiente plan de la lección muestra cómo

100 Enseñanza que transforma

este método de guiar la aplicación de la lección pudiera funcionar con una clase de primarios (ocho o nueve años de edad) estudiando la lección de Jesús y Zaqueo. Nuestra meta en tres partes para la clase es: (1) conocer que Jesús amó a Zaqueo; (2) sentir que, de igual manera, Jesús nos ama y acepta; y (3) mostrar amor y bondad a las personas que son diferentes a nosotros. (Las partes del plan de la lección están enumeradas para corresponder con el método de aplicación de cinco pasos.)

1. Pida que algunos alumnos dibujen diferentes escenas de la historia en grandes hojas de papel pegadas en la pared. Otro grupo puede ensayar una dramatización de la historia bíblica. Un tercero puede revisar revistas para encontrar fotos de gente diferente a ellos.

2. Guíe la conversación de los alumnos preguntando lo siguiente: ¿Cuáles son algunas de las cosas en las que somos diferentes unos de otros? ¿Hay momentos en que no es divertido ser diferente? ¿Cómo se sienten cuando piensan en que son diferentes de los demás? ¿Cómo creen que se sienten algunos cuando se dan cuenta de que son diferentes de los demás?

3. Pídale a cada alumno que piense en alguien que verá la próxima semana que es diferente a él. Dígale que haga una descripción de esa persona.

4. Piense detenidamente en formas en que los alumnos pudieran ser amables con ese tipo de gente. Ayúdelos a pensar en cosas específicas que pudieran hacer, como jugar juntos, compar-

La esencia de la enseñanza ... 101

tir cosas con ellos, invitarlos a su casa o, tal vez, llamarlos por teléfono.

5. Distribuya papel y sobres y pídales a los alumnos que escriban cartas pequeñas diciendo lo que harán esta semana para mostrar amabilidad a esas personas. Recoja los sobres y envíelos por correo a los alumnos el lunes. Pregúnteles el próximo domingo lo que pasó cuando mostraron amabilidad.

El siguiente plan de la lección muestra cómo funcionaría el método de aplicación práctica estudiando las bienaventuranzas en Mateo 5 con una clase de adultos. Nuestra meta en tres pasos para la clase es: (1) saber que Jesús nos llama a ser sal y luz en nuestro mundo; (2) desear ser una influencia positiva en nuestro mundo; y (3) decidirnos a cambiar para ser buenos ejemplos. (Una vez más, las partes del plan de la lección están enumeradas para corresponder con el método de la aplicación en cinco pasos.)

1. Divida la clase en dos equipos. Asigne al grupo uno hacer una lista de las formas en que los cristianos somos como sal en el mundo. Asigne al grupo dos hacer una lista de las formas en que los cristianos somos como luz en el mundo.

2. Guíe a la clase en un intercambio de ideas sobre las formas en que las bienaventuranzas llaman a un comportamiento que es muy diferente al mundo. Anótelas en la pizarra o en una transparencia en el retroproyector.

3. Distribuya tarjetas de anotaciones y pídale a cada alumno que apunte el comportamiento que resulta más difícil de realizar. Explíqueles

102 Enseñanza que transforma

que se les pedirá que revelen a otra persona lo que escribieron.

4. Guíe a los alumnos en la conformación de una lista de cosas que les ayudarían a poner en práctica las bienaventuranzas en la vida diaria. Aliéntelos a ser específicos. Escriba sus ideas en la pizarra o en una transparencia.

5. Pídale a cada persona que escriba dos o tres ideas sugeridas por el grupo que le ayudarían a cambiar el comportamiento difícil que anotó anteriormente. Pídale al alumno que le diga a otra persona lo que escribió y que ore con cada uno antes de salir del aula.

Ventajas de este método

Usando el método de aplicación personal dirigida en la enseñanza se hace mucho más factible efectuar cambios que usando los métodos tradicionales de aplicación de la lección. Por ejemplo, la historia de Zaqueo será más personal si los alumnos piensan en ella en términos de personas que son diferentes de ellos mismos. Planear formas de ser bondadoso con esas personas es más significativo que simplemente oír una historia sobre lo que ha hecho otras personas y que se nos diga que hagamos lo mismo. Eso resultará en un estudio más profundo de las bienaventuranzas y una lección más personal. Presentar necesidades y orar juntos también añade una medida de responsabilidad.

Las ventajas de este método para la aplicación de la lección son obvias. Como a los alumnos se les hace responsables de aplicar la verdad de

La esencia de la enseñanza . . . **103**

la lección, ellos no sólo recordarán la experiencia por mucho más tiempo que la lección misma, sino que también será más probable que actúen consecuentemente. Además, los alumnos aprenden por sí mismos cómo aplicar la verdad de la Biblia a la vida, una habilidad que después pueden usar por su propia cuenta.

Cambios que se requieren en este método

El método de aplicación no sólo requiere que sus alumnos cambien, sino también que usted reforme su enseñanza en varias formas.

1. Su uso del tiempo. El proceso de aplicación requiere de más tiempo que sólo unos pocos minutos al final de la lección. El alumno necesita tiempo para llegar a sus propias conclusiones en las implicaciones de la lección para su vida y las decisiones que debe tomar. Los jóvenes y los adultos pudieran requerir hasta la mitad del tiempo de la clase para la aplicación de la lección. Obviamente, los más pequeños necesitarán menos tiempo, ya que son incapaces de examinar las implicaciones. Con los alumnos de edad pre escolar, la verdad de la lección debe aplicarse en la clase misma. Por ejemplo, si la verdad de la Biblia hace énfasis en que Dios escucha nuestras oraciones, el maestro y los niños deben orar frecuentemente durante la clase para reforzar esa verdad. Si la verdad de la lección es que Dios desea que ayudemos, debe dárseles a los niños varias oportunidades de ayudar durante la hora de clase.

El siguiente diagrama indica la cantidad de

104 Enseñanza que transforma

tiempo que se necesita para la aplicación de la lección en cada uno de los cuatro grandes grupos de edades:

Pre escolares
Escolares
Jóvenes
Adultos

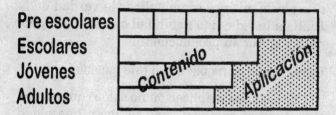

2. Su función como maestro. En vez de ser un distribuidor de información sea un guía. Usted no puede obligar a sus alumnos a que apliquen la lección a su vida, sólo puede guiarles. Usted no puede forzarlos a que sigan sus planes, sólo puede animarlos. Sus alumnos todavía necesitan su ayuda y sus ideas, pero deben ser guiados a llegar a sus propias conclusiones y a tomar sus propias decisiones.

3. Su uso de la metodología. Usted no puede enseñar a su manera mediante el método de aplicación. Simplemente no resultará. Los métodos que usted emplee deben hacer participar a sus alumnos. Reflexione sobre algunos de los métodos usados en ejemplos de planes para una lección. Incluyen conversaciones, escritura de cartas, tareas para pequeños grupos, búsqueda conjunta de soluciones, grupos de oración y testimonios. Otros métodos que resultan bien son los cuestionarios, las evaluaciones personales, los recordatorios de oración escritos, las historias de final inconcluso, los dramas, las actividades artísticas y las discusiones en grupo.

En resumen

Es absolutamente esencial que usted piense en su enseñanza en términos de efectuar cambios en las actitudes y el comportamiento de los alumnos. Descubrir nuevas verdades bíblicas y no hacer nada al respecto es desastroso. Por eso usted debe guiar a sus alumnos a aplicar la verdad de la lección y pensar en formas de ayudarles a cumplir con sus planes durante la semana. Si usted enseña de esa manera, verá a sus alumnos crecer hacia una verdadera madurez en Cristo y descubrirá la delicia de estar comprometido en la enseñanza que transforma. Esto, después de todo, es la esencia de la enseñanza eficaz de la Biblia: producir cambios en la vida de sus alumnos.

PARA ESTUDIO ADICIONAL

1. ¿Por qué en muy importante el cambio para el proceso de la educación cristiana?

2. Según su criterio, ¿cuál es el mayor impedimento para lograr a un cambio en sus alumnos?

3. ¿Qué debe hacer usted para lograr que sus alumnos sean más receptivos al cambio? ¿A cuáles recursos espirituales puede recurrir?

4. ¿Por qué algunos de los métodos tradicionales para la aplicación de la

106 Enseñanza que transforma

lección no son eficaces? ¿Qué resultados ha observado al intentar alguno de esos métodos?

5. ¿En qué sentido es diferente el método de aplicación personal dirigida de los métodos que usan la mayoría de los maestros?
6. ¿Cuál considera ser la mayor ventaja de este método?
7. ¿Qué cambios tendría que hacer usted en su enseñanza para usar este método de aplicación?

7

Aspectos prácticos de la enseñanza bíblica

Hagamos otra visita a nuestros dos maestros, Alfredo y Marcos, a quienes conocimos en el capítulo cinco.

Escena: Un corredor fuera de las aulas

Tiempo: Al terminar la Escuela Dominical

Alfredo: ¡Qué bien que al fin se terminó otra lección! Mis alumnos se ponen tan intranquilos que no puedo captar su atención.

Marcos: ¿De veras? Mis alumnos y yo gozamos tanto de la lección que no quisiera oír sonar el timbre.

Alfredo: Yo trato que mis alumnos participen; pero ellos simplemente se quedan sentados. ¿Qué haces para que se interesen tanto?

Marcos: Bueno, he descubierto que cuando se les motiva a los alumnos con algún propósito, aprenden mejor. Por eso trato de usar métodos que requieran su participación.

Alfredo: Mis alumnos son activos; pero con todo menos que con lo que tiene que ver con la clase. Esta mañana tuve

108 *Enseñanza que transforma*

> que perseguir a dos que estaban detrás del piano.

Marcos: Es ahí donde influye la motivación. Yo trato de llegar a lo que les interesa a mis alumnos y a sus necesidades.

Alfredo: La única cosa que parece interesar a mis muchachos es interrumpir la lección.

Marcos: Los míos fueron así un tiempo, hasta que aprendí el secreto de usar los métodos de enseñanza que se relacionan estrechamente con la forma en que ellos aprenden.

¿Con cuál de los dos maestros se identifica usted? Su respuesta dirá mucho acerca de los métodos que usa. Su capital más valioso en el mercado como maestro es su metodología. Es ahí donde entran en juego los aspectos prácticos de una enseñanza eficaz.

EL USO DE LOS MÉTODOS EN LA ENSEÑANZA

Cada maestro de la Biblia usa métodos en su labor. Algunos emplean una amplia variedad de métodos con gran eficacia. Otros sólo emplean algunos métodos con sólo cierto grado de eficacia. Los métodos son una parte indispensable en cualquier práctica de enseñanza y aprendizaje; sin ellos un maestro no puede enseñar. La manera como aprenden los alumnos influye grandemente sobre lo que aprenden. El uso que usted haga de los métodos puede traer como resultado que enseñe cosas de las que ni siquiera está cons-

Aspectos prácticos de la enseñanza bíblica **109**

ciente. Por ejemplo, si no se hace interesante y agradable el descubrimiento de verdades bíblicas, sus alumnos considerarán que la Biblia aburrida e irrelevante.

Los métodos que usted usa también afectan el impacto de su enseñanza. Dice un antiguo proverbio chino:

> *Oigo y olvido.*
> *Veo y recuerdo.*
> *Hago y comprendo.*

Sus alumnos entenderán y recordarán por más tiempo las cosas que *hacen* en clase, que las que sólo *escuchan*.

Defina los métodos

Los métodos son los medios usados para llevar a cabo una tarea o para lograr un objetivo. Los métodos de enseñanza son los medios para alcanzar las metas educacionales. Los métodos de enseñanza bíblica son los medios a través de los cuales usted y sus alumnos interactúan con las verdades de la Palabra de Dios.

Al definir los métodos, piense en ellos como métodos de *aprendizaje* más que de *enseñanza*. Aunque esto pueda parecer sólo una pequeña diferencia de terminología, realmente es algo muy importante. Si usted considera los métodos principalmente como procedimientos de *enseñanza*, su elección de métodos se basará en sus preferencias personales. Sin embargo, si usted los considera como métodos de *aprendizaje*, en-

110 Enseñanza que transforma

tonces su elección se basará en lo que más contribuya a que sus alumnos aprendan.

Los métodos son simplemente un medio para llegar a un fin determinado, no constituyen un fin en sí. Algunos maestros están tan preocupados por la metodología que pierden de vista su objetivo primario: que sus alumnos desarrollen la madurez cristiana.

El mejor método

Algunas veces los maestros se preguntan: "¿Cuál es el mejor método para usar con mis alumnos?" No hay respuestas simples, pero pueden aplicarse dos principios básicos:

1. Use métodos que se relacionen estrechamente con la forma en que sus alumnos aprenden. Por ejemplo, si ellos asimilan mejor a través de la actividad, use métodos que requieran su participación activa en el proceso, tales como: proyectos y tareas fuera de la hora de clase, debates en grupo, ejercicios de composición, excursiones, y otros. Si sus alumnos sacan mejor partido con sus sentidos, entonces use aquellos métodos que recurren a una amplia gama de experiencias sensoriales, como las imágenes visuales, el reconocimiento de objetos, etcétera. Si por el contrario la mejor opción con sus alumnos es motivarles, apele entonces a sus necesidades e intereses a través de dramas, comparación de personajes, cuestionarios y análisis de situaciones determinadas.

2. Emplee varios métodos. Aun los mejores métodos, los más creativos, si se usan con mucha

Aspectos prácticos de la enseñanza bíblica **111**

frecuencia pierden su eficacia. Lo mejor es una combinación de métodos. Un simple cálculo aproximado es tratar de usar, por lo menos, tres diferentes métodos en cada clase.

La elección de métodos

Al escoger los métodos considere los siguientes factores:

1. Objetivos. Hágase la pregunta: "¿Puede ayudarme este método a lograr mis objetivos para esta clase?" Si la respuesta es no, descártelo, no importa cuán bueno pueda parecerle. Aunque quizá pueda usarlo si vuelve a elaborar sus objetivos.

2. Edad y habilidades. Obviamente, no todos los métodos funcionan para todas las edades. Pregúntese: "¿Pueden mis alumnos hacer esto?" "¿Le encontrarán significado?" Los maestros distraen a los alumnos cuando usan recursos que son muy infantiles o muy complicados para su edad.

3. Tiempo disponible. Algunos métodos requieren más tiempo que otros. Usted debe preguntarse: "¿Tengo el tiempo necesario para usar este método eficientemente?" "¿Vale la pena invertir tiempo adicional?" No desprecie los buenos métodos sólo porque requieren que les dedique tiempo. Sus alumnos recordarán mucho más las cosas que hagan que las que escuchen.

4. Lugar y equipamiento. Algunos métodos requieren un espacio adicional o medios especiales. Pregúntese: "¿Funcionará este procedimiento en mi aula?" "¿Tengo todos los medios necesarios?"

112 Enseñanza que transforma

Si es un buen método, busque vías creativas para incorporarlo en su enseñanza.

Hágase las mismas preguntas sobre los métodos que sugieren los materiales del curso que usted está enseñando. Sólo usted puede determinar si las actividades propuestas funcionarán en su caso. Generalmente tendrá que modificar las ideas de algún modo para que se adapten a las necesidades de su clase. Conserve una lista de métodos como los que se ofrecen en este capítulo. Dicha lista puede ser una fuente útil para escoger diferentes actividades.

La clasificación de métodos

Los métodos pueden clasificarse de varias formas. A continuación aparece una lista de métodos, *agrupados según los objetivos*:

1. Métodos diseñados para adquirir información:

   Narración de historias
   Preguntas y respuestas
   Paneles y simposios
   Conferencias
   Informes investigativos

2. Métodos diseñados para obtener opiniones acerca de un tema:

   Conversaciones en grupo
   Debates e investigación en grupos
   Encuestas en el aula
   Cuestionarios y votación anónima

3. Métodos diseñados para dar soluciones a un problema:

   Lluvia de ideas
   Casos de estudio

Aspectos prácticos de la enseñanza bíblica 113

Debates por grupos
Representaciones dramáticas
Excursiones
Juegos de imitación

4. Métodos diseñados para encontrar verdades bíblicas:

Lectura bíblica narrativa
Parafrasear pasajes
Películas
Uso de la concordancia
Lectura unida de la Biblia
Estudio inductivo de la Biblia

5. Métodos diseñados para estimular la expresión libre:

Modelar en barro
Dibujos o montajes
Escribir artículos o composiciones
Composición de canciones
Dramas

6. Métodos diseñados para realizar un trabajo:

Tareas escritas
Demostraciones prácticas
Equipos de planeamiento
Proyectos en grupo

Otra forma de clasificar los métodos es teniendo en cuenta *en qué parte de la lección* serán utilizados.

1. Métodos usados para comenzar:

¿A favor o en contra?
Diálogos o dramas
Juegos entre los alumnos
Entrevistas
Afiches o láminas

114 *Enseñanza que transforma*

2. Métodos usados para comunicar
el contenido bíblico:

Lectura de pasajes paralelos
Dramatizaciones bíblicas
Comparación de personajes
Estudios bíblicos en grupos
Informe de una investigación
Narraciones o simposios

3. Métodos usados para asegurar
la aplicación de la lección:

Conversaciones o lluvia de ideas
Trabajos escritos
Proyectos en grupo y casos de estudio
Recordatorios para la oración
Trabajos artísticos individuales

Una tercera forma de clasificar los métodos
es agruparlos según los *tipos de métodos* que son:

1. Métodos de conferencia:

Investigación e informes
Sucesos de actualidad
Simposios o debates
Orador invitado y seminarios
Monólogos y grabaciones
Videos de historias bíblicas

2. Métodos de debate:

Paneles o discusión abierta
Estudios de caso
Conversaciones en grupos
¿A favor o en contra?
Búsqueda de soluciones
Debates por parejas o en grupos
Estudios bíblicos en grupos
Historias con final inconcluso

Aspectos prácticos de la enseñanza bíblica **115**

3. Métodos de dramas:

   Breves ensayos y representaciones
   Dramas y pantomimas
   Uso de marionetas
   Noticieros y entrevistas
   Videos
   Lecturas narrativas

4. Métodos artísticos:

   Murales y montajes
   Cronologías y distintivos
   Mapas
   Tiras cómicas
   Pancartas, carteles y afiches
   Diagramas y jeroglíficos

5. Actividades de escritura:

   Reportajes periodísticos
   Diarios y cartas
   Paráfrasis bíblicos
   Oraciones escritas y poesías
   Asociación de palabras y acrósticos
   Concursos y preguntas escritas
   Rompecabezas o crucigramas

6. Métodos musicales:

   Paráfrasis de himnos
   Comerciales musicales
   Escribir canciones o himnos
   Comparar canciones
   Lista de títulos de canciones

La lista es interminable de los métodos creativos que pueden usarse para mejorar la enseñanza y el aprendizaje. Los listados que aparecen en estas páginas constituyen sólo un ejemplo. Tal vez algunos métodos sean nuevos

116 Enseñanza que transforma

para usted, otros le serán familiares. En los dos próximos capítulos sobre la enseñanza a edades diferentes mencionaremos algunos métodos en forma detallada.

Los métodos son los instrumentos de su negocio como profesor. Usted no puede funcionar sin ellos. Haga un estudio personal de las técnicas que se relacionan con las edades de su grupo. Manténgase atento para asimilar las nuevas ideas que puede aportarle la lectura de buenos libros u otras fuentes sobre la materia. También converse con otros profesores y averigüe qué les funciona bien y qué no. Escuche a sus alumnos, ellos pueden aportarle buenas ideas cuando hablan sobre la forma en que se les enseña en sus escuelas, en la instrucción para el trabajo o en otros programas educativos.

EL USO DE MEDIOS AUDIOVISUALES

Sus alumnos viven en un mundo con muchos medios de comunicación. Desde que se levantan hasta que se acuestan son bombardeados con imágenes y sonidos. Ocurre con mucha frecuencia en la clase bíblica que los alumnos son tratados como si existiera solamente un canal sensorial: el auditivo. Sin embargo, el aprendizaje se ve muy favorecido cuando se emplea una combinación de los sentidos, tal y como lo revelaron las estadísticas señaladas en el capítulo cuatro.

Los métodos audiovisuales contribuyen de múltiples formas a una enseñanza eficaz.

Aspectos prácticos de la enseñanza bíblica 117

1. *Despiertan y conservan el interés de los alumnos.* Cada vez que usted muestra una lámina o enciede el retroproyector atrae la atención de sus alumnos.

2. *Esclarecen tanto ideas como palabras.* Como maestro de la Biblia usted se encuentra con algunas barreras. Una de ellas es la del *tiempo* y el *espacio*. Ya que los hechos que narra la Biblia ocurrieron hace mucho tiempo y en un mundo muy diferente al nuestro, usted tiene que ayudar a sus alumnos para que comprendan el escenario y la cultura de esos sucesos. Los medios audiovisuales pueden contribuir a eso.

Otra barrera es la del *lenguaje* y la *jerga*. Algunas veces los maestros son culpables de usar términos que para ellos son muy familiares pero que no lo son para sus alumnos. Los medios audiovisuales le pueden ayudar a vencer esta barrera.

3. Ofrecen un conocimiento común y estimulan el pensamiento y el intercambio de ideas. Examinar un video o elaborar un cartel constituye un motivo de conversación para la clase. Los alumnos pueden expresar sus ideas a partir de esta agradable forma de aprender juntos.

4. *Constituyen un medio muy eficaz para repasar y repetir.* Usar las láminas o las figuras de la semana anterior o detallar una vista del mural son vías magníficas para reafirmar los conocimientos. Esto resulta mucho más eficaz cuando estos medios son el resultado de la creación propia de los alumnos.

118 Enseñanza que transforma

Ayudas visuales no proyectables

La pizarra

La pizarra es una ayuda visual muy difundida y versátil y, por ende, constituye un recurso muy valioso. Es conveniente para todas las edades; es barata; no requiere preparación previa; y puede usarse tanto por los alumnos como por los maestros. Existen dos tipos de pizarras: las portátiles o manuales y las que están fijas en la pared. Su iglesia debe estar equipada con ambos tipos. Las dimensiones deben corresponder con el tamaño del grupo. Si son aulas o salas grandes las pizarras deben medir 1,30x2 metros (4x6 pies) y si son más pequeñas, deben medir por lo menos 0,75x1,25 metros (2x4 pies). Todas las pizarras deben colocarse a la altura de la vista de los alumnos.

Cuando use la pizarra tenga en cuenta las siguientes técnicas:

1. Piense bien en lo que va a escribir o dibujar. Tenga en mente un esbozo básico.

2. Escriba lo suficientemente claro y con letra grande para que todos los alumnos lo vean. La ortografía es muy importante. Sólo use abreviaturas cuando se hayan explicado previamente.

3. Coloque en la pizarra diferentes materiales escritos antes de comenzar la clase y cubra con papel las porciones que no desea que vean desde el principio.

Aspectos prácticos de la enseñanza bíblica 119

4. Evite el chirrido de la tiza sujetándola en un ángulo recto. Mantenga la pizarra y el borrador limpios.

5. Para dibujar una línea recta marque dos puntos y trace la línea manteniendo sus ojos fijos sobre el segundo punto. Para dibujar un círculo retroceda a la distancia de sus brazos y dibújelo con un solo movimiento comenzando por la parte superior.

6. Use tizas de colores para dar variedad y énfasis.

La pizarra es una excelente herramienta para usted y un modo muy eficaz para captar la atención de sus alumnos. Permita que ellos dibujen escenas de la Biblia o pídale a un alumno que escribe con claridad que anote los comentarios de sus compañeros mientras usted da la clase. Permita que ellos practiquen el dibujo de mapas bíblicos sencillos y así localicen los lugares de los cuales se trata la lección.

Carteles y pancartas

Los carteles son instrumentos eficaces para la enseñanza debido a que su diseño llamativo capta la atención de los alumnos el tiempo suficiente para introducir o recalcar una idea significativa. Estos pueden hacerse fácilmente para cualquier ocasión, tienen un toque personal, propician valiosas experiencias creadoras dentro del grupo y expresan las verdades bíblicas en un formato contemporáneo.

Algunas características básicas de los buenos carteles son: simplicidad, gracia, diseño, co-

120 Enseñanza que transforma

lor, contraste, originalidad y tamaño. Deben ser sencillos, pero a la vez lo suficientemente llamativos como para atraer la atención y comunicar de inmediato un mensaje.

Los materiales necesarios para hacer un cartel son: cartón o cartulina, papeles de colores, marcadores de punta fina, creyones, reglas, tijeras, modelos de letras, pegamento y láminas. También pueden usarse objetos tridimensionales como flores artificiales, juguetes pequeños y muñecos.

Considere las siguientes ideas para hacer distintos tipos de carteles:

1. Un cartel de calendario. Monte una hoja de un almanaque grande sobre un fondo coloreado. Señale en la casilla que a usted le interesa el nombre del programa especial, así como la hora, el lugar, y otros. Dibuje varias manos o flechas señalando la casilla deseada.

2. Un cartel transparente. Escriba, pinte o pegue un mensaje en una lámina de acetato o en un papel transparente y cuélguela de una ventana o de una puerta. También puede hacerle un marco, recortando la parte central de una pieza de cartón. Coloque luego el cartel en la parte posterior del marco.

3. Un cartel de supermercado. Pídale al gerente de un supermercado algunos de los carteles ya usados y utilícelos como fondos para los suyos. Borre o cubra las palabras que no le sirven e inserte las suyas. Use las ilustraciones de esos carteles (pan, frutas, postres, carnes, etcétera)

Aspectos prácticos de la enseñanza bíblica 121

como parte del mensaje que usted quiere comunicar.

4. Un cartel de cajas. Busque varias cajas de cartón de diferentes tamaños. Cubra cada superficie expuesta con papel de colores brillantes y pegue fotografías, láminas y letras recortadas o dibujadas.  También puede darle a la caja la forma de cuadrado, pirámide o columna.

Las pancartas tienen muchos usos en la enseñanza bíblica. Las hay de dos tipos: hechas de tela para uso permanente o de papel para uso temporal.

Para hacer una pancarta de tela, usted debe recortar un retazo grande de una tela resistente, como la muselina o el vinilo, y pequeños retacitos de otras telas de varios tipos y colores. Primero haga un boceto de la pancarta. Luego haga modelos de letras y figuras y colóquelas sobre la tela de fondo. Después recorte las piezas por separado y cósalas o péguelas con goma sobre la pancarta. Finalmente haga un dobladillo de dos pulgadas aproximadamente en la parte superior para pasar una cuerda o soga. Debe hacer ojales en la parte superior para acomodar el cordón.

En el aula pueden usarse muchas diferentes pancartas.

1. Un *mural* es una lámina grande o una combinación de láminas que narra una historia o describe algo con muchas partes interrelacio-

122 Enseñanza que transforma

nadas. Puede hacerse como un solo mural grande o los alumnos pueden trabajar en secciones individuales que luego pueden ser unidas. Use los murales para enfocar escenas de la Biblia, tales como los seis días de la creación; para hacer resúmenes de historias como de la Navidad o de la Pascua; para visualizar motivos de oración; para hablar acerca de la comunidad; para destacar programas o fechas importantes; o para crear un ambiente de adoración.

2. Una *historieta* es una serie de secuencias de ilustraciones o caricaturas que narran una historia. Se hace generalmente en un pliego grande de papel. Úsela para repasar una historia de la Biblia, ilustrar la vida de algún misionero o para contar sucesos de la historia de su iglesia.

3. Un *afiche* es una selección de escritos, dibujos, lemas, símbolos o caricaturas sobre un tema determinado. El afiche influye más sobre los adolescentes y los jóvenes. Para hacerlo pegue o engrape un pliego de papel grande en una pared cerca de la puerta de su aula. Escriba en la parte superior el motivo del afiche (por ejemplo: "¿Por qué debemos estar agradecidos?") y pídales a los alumnos, a medida que vayan llegando, que escriban o dibujen algo que exprese sus pensamientos o impresiones sobre el tema. Puede usar el afiche para la introducción de una lección, para determinar la actitud de sus alumnos o para relacionar algún tema de la Biblia con la vida diaria.

4. El *montaje* es una colección de láminas

Aspectos prácticos de la enseñanza bíblica 123

individuales, artículos, titulares o anuncios que se ordenan para formar una lámina o diseño mixto. Con el montaje puede vincular la Biblia y la vida diaria. Permita que los alumnos seleccionen y ordenen las imágenes para captar un tema o una idea determinada.

5. El *collage* es similar al montaje, pero con objetos tridimensionales como hojas, fragmentos de madera, cristales, retazos de tela y pequeños juguetes. Ambos pueden usarse para mostrar las cosas que Dios ha hecho, representar pasajes bíblicos, mostrar la relevancia de la Biblia en los sucesos actuales, aplicar principios bíblicos a la vida diaria, introducir una serie de lecciones o describir diferentes aspectos de un asunto.

Ayudas visuales proyectables

El retroproyector

Es uno de los equipos de proyección más útiles con que se cuenta hoy. Sus ventajas son obvias. El maestro puede estar frente a sus alumnos y así mantener el contacto directo. El retroproyector puede usarse en una habitación total o parcialmente iluminada. Las transparencias pueden hacerse de antemano y conservarse para su uso en el futuro. Varias transparencias que se van superponiendo, o pedazos de papel que al deslizarlos por el acetato van mostrando una línea a la vez, pue-

124 Enseñanza que transforma

den usarse para mostrar el desarrollo de una idea, controlar la atención del grupo y evitar que los alumnos se adelanten en la lectura. El formato ancho de 25x25 centímetros (10x10 pulgadas) es fácil de usar; incluso los niños más pequeños pueden escribir y dibujar en esas transparencias.

La forma más sencilla de confeccionar una transparencia es escribiendo directamente sobre el acetato usando un marcador para transparencias. Para escribir en línea recta puede poner una hoja rayada debajo del acetato.

Se pueden hacer transparencias en muchas de las máquinas copiadoras. En las tiendas de artículos de oficina hay a la venta un acetato especial para transparencias, que corre por la máquina con la misma facilidad con que lo hace el papel.

Además de los usos comunes, el retroproyector tiene algunos usos creativos. Haga un cartel o amplíe un diagrama o un dibujo haciendo una transparencia del original y proyéctela sobre una cartulina o en un pliego de papel. Luego trace el diagrama o el dibujo.

Use el retroproyector para proyectar sobre la pared del aula una ilustración o un dibujo que sirva de guía en la confección de murales u otras decoraciones. Facilite transparencias en blanco, así como los marcadores necesarios a los grupos de debate para que las usen al presentar los resultados de un intercambio de ideas. Haga un fondo con efectos especiales echando algunas

Aspectos prácticos de la enseñanza bíblica 125

gotas de colorante entre dos transparencias húmedas. Luego pegue ambas transparencias.

Déles a sus alumnos transparencias en blanco y algunas letras magnéticas o con adhesivo para que las usen en la formación de palabras. También pueden usar palillos de dientes o fósforos para hacer diferentes siluetas.

Puede jugar al ta-te-ti bíblico si dibuja las cuadrículas en la transparencia y emplea objetos con diferentes formas para marcar las posiciones de los dos equipos o jugadores.

Videos

El proyector de videos ya se ha convertido en una ayuda audiovisual muy ventajosa para la enseñanza. Los videos aportan muchos beneficios y usos para la clase:

1. Combinan la imagen y el sonido en un solo medio.
2. Ofrecen la representación más vívida de la vida real.
3. Proporcionan la repetición y el repaso inmediatos.
4. Pueden detenerse en cualquier momento para permitir la participación del grupo.
5. Pueden adquirirse fácilmente.
6. Pueden grabarse con facilidad y a precios moderados.
7. Son de fácil operación.

Los videos pueden usarse con diferentes equipos. En una habitación pequeña use el proyector de videos acoplado a un televisor o monitor portátil. En un local más grande puede co-

126 Enseñanza que transforma

nectar varios monitores al mismo equipo de video o puede usarse una pantalla de proyección grande.

Cuando use el video tenga en cuenta los siguientes principios:

1. Preparación. Seleccione los materiales en video sobre la base de su capacidad para ayudarle a lograr determinadas metas en el aprendizaje. En otras palabras, no use el video sólo como relleno porque le sobra tiempo. Asegúrese de ver el video previamente; eso le ayudará a darle una introducción correcta. Elabore algunas preguntas que los alumnos pueden ir contestando al ver el video. Entrégelas antes de comenzar la proyección. Anote momentos de pausas para el intercambio de ideas u otra actividad de participación. Prepare y controle todos los equipos de antemano. Disminuir las luces le ayudará a eliminar el brillo de la pantalla. Cerciórese que el video esté en perfectas condiciones.

2. Presentación. Haga una introducción breve para explicar su objetivo al poner el video. Asegúrese de que todos puedan ver y oír claramente. Usted puede dividir el aula en grupos y darle a cada uno algunas preguntas. Cuando se termine el video, baje el volumen antes de apagar el equipo.

3. Seguimiento. Pida respuestas a las preguntas que hizo por equipo y guíe a los alumnos en un intercambio de ideas sobre lo que vieron y ayúdeles a meditar en cómo eso puede aplicarse en su propia vida. Aclare cualquier malentendido e indíqueles cualquier otro material sobre el

Aspectos prácticos de la enseñanza bíblica **127**

tema. Asegúrese de guardar todos los equipos y casetes en un lugar adecuado.

Considere el uso de videos o cámaras de video en las siguientes formas:

1. Para usar como suplemento de las historias bíblicas en la Escuela Dominical o en los cultos infantiles.

2. Para debates en grupos de estudios bíblicos.

3. Para dar variedad a la clase.

4. Para grabar entrevistas en la calle.

5. Para grabar las respuestas de los alumnos.

6. Para producir historias bíblicas propias. Use equipos de alumnos para escribir el guión, representar los personajes, manejar la filmación del video y preparar el video para proyectarlo.

7. Para mostrar en casa videos de preparación para futuros maestros.

8. Para grabar sesiones de preparación para los maestros ausentes.

9. Para presentar consejos prematrimoniales.

10. Para que la iglesia conozca el trabajo de los misioneros.

11. Para presentarles a los visitantes los programas y ministerios de su iglesia.

12. Para mostrar la necesidad de la comunidad o de las instituciones locales. Aasigne a un grupo de alumnos

128 Enseñanza que transforma

      para que graben diferentes imágenes y las traigan a clase.

13. Para mostrar videos de cantantes cristianos en los cultos de los jóvenes.
14. Para filmar la clase o el culto y llevar el video a personas confinadas a su hogar.
15. Para filmar la clase para evaluar su eficiencia como maestro.
16. Para mostrar videos en una feria, un centro comercial u en otra localidad de la comunidad.
17. Poner un equipo de video con monitor en la entrada del templo para promover un programa o actividad especial.
18. Para solicitar patrocinio para un festival de los niños o de los jóvenes, en la iglesia o en la comunidad.
19. Para mostrar videos de los cultos de la iglesia o de seminarios especiales en los canales de televisión.
20. Para usar fragmentos de videos con monumentos nacionales u otras vistas como fondo para una presentación musical especial.

PARA ESTUDIO ADICIONAL

1. ¿Por qué es importante concebir los métodos como vía de aprendizaje más que de enseñanza?
2. ¿Cuáles métodos le han dado mejor resultado en su grupo? ¿Por qué?

Aspectos prácticos de la enseñanza bíblica 129

3. ¿Qué barreras encuentra usted en la enseñanza cristiana? ¿Cómo pueden contribuir los medios audiovisuales a eliminarlas?
4. ¿Qué debe hacer para que sus alumnos usen la pizarra?
5. ¿Cuáles son algunas de las formas más creativas para usar los carteles y las pancartas?
6. ¿De qué diferentes maneras se pueden preparar las transparencias?
7. ¿Por qué son los videos instrumentos muy eficaces?

Notas

8

La enseñanza bíblica para los niños

Con frecuencia hablamos de los alegres y despreocupados días de la niñez. Lo recordamos como uno de los períodos más agradables de nuestra vida. Pero los niños de hoy crecen en un mundo muy diferente al que nosotros conocimos. Para muchos de ellos la niñez es todo menos despreocupación y felicidad. Desafortunadamente algunos experimentan una vida de angustia aun antes de la adolescencia. Conocen el estrés y la zozobra de la vida mucho antes de lo que debieran.

LAS NECESIDADES DE LOS NIÑOS DE HOY

El divorcio

Hasta ahora uno de cada dos matrimonios en los Estados Unidos acaba en el divorcio. Los niños son víctimas desdichadas e inocentes. "Según la tendencia actual, de todos los niños nacidos en 1990, seis de cada diez vivirán en una familia de padres solteros durante algún período antes que cumplan dieciocho años."

Algunos niños pueden enfrentar el trauma del divorcio relativamente bien, pero muchos muestran problemas académicos, emocionales, sociales y de conducta. Muchos niños procedentes de hogares desintegrados están resentidos y frustrados porque consideran innecesario el divorcio de sus padres. Sienten que se divorcian sólo para satisfacer deseos personales y egoístas, sin considerar tan siquiera el bienestar de los hijos. Tales niños vienen a su aula con sentimientos de rechazo, inseguridad, culpa, hostilidad, soledad, poca estima personal y retraimiento.

Otro aspecto del divorcio es la falta de recursos económicos. Los padres solteros y la pobreza frecuentemente van de la mano, especialmente en las familias encabezadas por madres solteras. De acuerdo con algunos informes casi un treinta y cinco por ciento de tales familias viven en la pobreza.

Familias con dos sueldos

Más de la mitad de todas las madres con niños en edad pre escolar y escolar trabajan fuera del hogar. Más de diez millones de niños de seis años de edad o menos pasan todo o parte del día en centros para el cuidado de niños. Otros diez millones menores de los trece años de edad se quedan en casa sin cuidado alguno durante gran parte del día. Esos niños llegan cada día a una casa vacía.

El abuso de los niños

Una tragedia de nuestros tiempos es el brutal abuso de los niños en las manos de sus propios padres. El número de casos reportados de maltrato infantil en los Estados Unidos continúa ascendiendo. En algunos estados el incremento

132 Enseñanza que transforma

en un solo año ha sido del veintiocho al cuarenta y seis por ciento.

El síndrome del estrés en la niñez

Los pediatras informan que cada vez más niños sufren de estrés. Una tendencia alarmante es el incremento del suicidio infantil. En los últimos años el aumento ha sido del ciento cincuenta por ciento entre niños de cinco a catorce años de edad. En un intento de luchar contra el estrés, los niños están acudiendo a las drogas, el alcoholismo y la promiscuidad sexual, algo que ha aumentado de forma alarmante. Los hogares para madres solteras tienen entre sus residentes a niñas de tan temprana edad como once años.

Los niños también están enfrentando otra forma de estrés más sutil, pero igualmente devastador: la presión de crecer aceleradamente. Se les presiona a parecerse y actuar como adultos en miniatura, y se les estimula a participar en programas deportivos a una edad cada vez más temprana. Incluso se organizan equipos con niños de tres y cuatro años de edad, animados por los padres quienes anhelan desesperadamente que ganen.

Los niños también experimentan una presión académica considerable. Ser un alumno promedio ya no es aceptable. A menudo ocurre que no hay lugar para "el último competidor". Tristemente, gran parte de esa presión para triunfar proviene de los propios padres quienes persiguen satisfacer su ego a través de los logros de sus hijos. Otros padres simplemente desean que sus

La enseñanza bíblica para los niños 133

hijos crezcan para que puedan dedicarse únicamente a lo que a ellos les interesa.

¡Nuestros niños necesitan ayuda! Tenemos que comprender las presiones que están enfrentando y acudir a socorrerlos. Las siguientes ideas le ayudarán a lograr un cambio en la vida de los niños:

1. Conozca y ame a sus alumnos como personas. Usted tal vez no tiene ni idea de las necesidades y los problemas que ellos tienen que enfrentar cuando salen del aula. Tal vez algunos tengan que batallar diariamente con las presiones y los abusos ya descritos. Probablemente usted sea el único adulto en su vida que realmente los ama, se preocupa por ellos y les dedica tiempo.

2. Reduzca la presión. Los niños tienen presión suficiente en la casa y en la escuela. No deben enfrentarse a lo mismo en la iglesia. Por supuesto, usted quiere que aprendan y logren determinadas cosas, pero trate de buscar vías para estimularlos sin ejercer excesiva presión sobre ellos. Permítales aprender a su propio paso y a su propia manera. Examine los juegos y concursos que usted hace en clase y trate de reducir el nivel competitivo y la presión de ganar.

3. Procure preparar e influenciar a los padres para que sean más sensibles y busquen conocer mejor a sus hijos. Como usted no puede contrarrestar todos los efectos del hogar y la sociedad durante una o dos horas de la Escuela Dominical u otras actividades de la iglesia, trate de encon-

134 Enseñanza que transforma

trar formas para llegar a los padres e instruirles. Programe un seminario para presentar toda la información y todo lo que ha percibido acerca de las necesidades de los niños. Establezca reuniones individuales con los padres para tratar sus observaciones, preocupaciones y recomendaciones.

La Biblia enseña que los niños son un regalo de Dios. Ellos son demasiado valiosos para que se los perturbe o presione, o para que uno se aproveche y abuse de ellos. La advertencia de la Biblia para los que hacen tales cosas es muy clara: sería mejor que se les atase una piedra al cuello y se les echase al mar. La niñez debe ser una etapa feliz y sin preocupaciones. Usted puede influir en los niños que Dios ha puesto a su cuidado para que así sea. Su enseñanza puede transformar y moldear la vida de los niños.

CÓMO ENSEÑAR DE LA FORMA QUE LOS NIÑOS APRENDEN

La niñez se presenta como una de las mayores oportunidades de enseñanza y aprendizaje de la vida. El éxito que usted alcance estará determinado en gran manera por su capacidad de comprender las características naturales del aprendizaje del niño. Tenga en cuenta lo siguiente:

1. Los niños son curiosos por naturaleza. Ellos están ansiosos de aprender todo lo que puedan acerca del mundo y su campo de interés es prácticamente ilimitado. Por supuesto, los distintos intereses y la curiosidad serán tan variados como el número de alumnos de su clase. Por lo tanto, usted debe presentarles diferentes

La enseñanza bíblica para los niños 135

formas de aprendizaje. Los centros de interés y aprendizaje son propios en los niños porque les facilitan diferentes acercamientos y actividades en el aprendizaje, además de estimularlos a desarrollar sus propias capacidades y habilidades.

2. *Los niños son creativos por naturaleza*. Constantemente inventan nuevas palabras para una canción o un modo diferente de hacer un juego conocido. Con frecuencia su creatividad se expresa a través de la imitación. Trate de aprovechar esa energía creadora estimulándoles a pensar individualmente y planear algunas de las actividades de aprendizaje.

3. *Los niños son activos por naturaleza*. Dios ha puesto en ellos una necesidad de estar en movimiento. Tratar de mantenerlos sentados alrededor de una mesa por más de unos pocos minutos de una sola vez es casi imposible, así que trate de sacar partido de esa intranquilidad. Permítales marchar alrededor de Jericó como lo hicieron Josué y los hijos de Israel. Déles oportunidad para dramatizar la historia del buen samaritano. Pegue un pliego de papel en la pared y pídales que dibujen escenas del viaje de Pablo a Damasco.

4. *Los niños son amistosos por naturaleza*. Este es uno de los placeres que ofrece el trabajar con ellos. ¡Usted sin duda les cae bien! Esfuércese por conocerlos y déles oportunidad para que ellos lo conozcan. Los niños son criaturas fascinantes. Busque oportunidades para pasar tiempo con ellos fuera del aula. Cuando se conviertan

136 Enseñanza que transforma

en sus amigos, usted tendrá una puerta abierta para contarles acerca de su otro amigo, Jesús.

5. *Los niños por naturaleza son espirituales*. A ellos les interesa tanto el mundo espiritual como cualquier otra dimensión de la vida. Los niños son muy sensibles a la presencia de Dios y se les puede enseñar a agradarle a Él mediante el comportamiento. Su sinceridad y sentido de honradez les ayuda a comprender la necesidad de un Salvador. Y la ternura de sus corazones les hace preocuparse por las necesidades de otros. Por consiguiente, es posible enseñar y preparar a los niños de una forma que los transforme para siempre.

MÁS MÉTODOS PARA ENSEÑAR A LOS NIÑOS

Las historias o las narraciones

Una de las formas más eficaces para enseñarles a los niños es mediante las narraciones. Son una vía agradable para comunicar verdades bíblicas y para ayudarles a los alumnos a que apliquen esas verdades en su vida. Con las historias podemos ayudarles a ver el resultado de una buena o mala elección hecha por los personajes. Las narraciones también contribuyen a cambiar actitudes, estimular las emociones, desarrollar la imaginación, cultivar buenos hábitos para escuchar, y ampliar el mundo de la experiencia de los niños. Las narraciones pueden usarse para: (1) la introducción de la lección, (2) ilustrar un tema, (3) aplicar la lección a la vida diaria, (4) conducir a la adoración, (5) pre-

La enseñanza bíblica para los niños 137

sentar una canción y (6) ayudar a memorizar las Escrituras.

Al escoger historias para niños de edad pre escolar tenga en cuenta que ellos prefieren que se les cuente acerca de cosas familiares como mascotas, bebés y la vida familiar. Las historias bíblicas para este grupo deben escogerse cuidadosamente, deben durar sólo de dos a cinco minutos (no pueden mantener la atención por períodos prolongados) y deben limitarse a un asunto o concepto principal.

Los niños más pequeños prefieren historias imaginarias, mientras que los mayorcitos prefieren historias basadas en la vida real. Casi todas las historias bíblicas son apropiadas para esas edades. Pero debo repetir que las historias no deben durar más que del período que los niños pueden mantener la atención (seis a once minutos para los niños de edad escolar).

A la hora de narrar las historias, recuerde los siguientes principios:

1. Mantenga una postura natural frente al grupo. Con los niños más pequeños es mejor sentarse. Mantenga contacto visual con los niños, y asegúrese de que todos los materiales visuales estén al nivel de la vista de ellos.

2. Use algunos gestos naturales, pero trate de evitar los que puedan distraer la atención. Use las expresiones faciales para comunicar sentimientos y actitudes.

3. Sea entusiasta. "Viva" la historia.

4. Varíe el ritmo y el volumen de su presen-

138 Enseñanza que transforma

tación. Use una pausa dramática ocasional para aumentar el suspenso y reenfocar la atención.

5. Cambie el tono de su voz para representar a los distintos personajes de la historia. Eso evitará la repetición innecesaria de: ". . . y Pablo dijo . . ." o ". . . y el soldado dijo . . ."

6. Use palabras que los niños puedan entender fácilmente; pero no les subestime. Las palabras que describan acciones son las mejores.

7. Pronuncie y articule claramente las palabras. Proyecte su voz de manera que todos puedan oír bien.

8. Aprenda bien la historia para que pueda contarla sin leerla.

Las narraciones no son sólo un medio eficaz de enseñanza sino también una forma de enrolar a los alumnos en el proceso de enseñanza y aprendizaje. Los niños son narradores por naturaleza, así que permítales contar un cuento de vez en cuando. Con su ayuda ellos podrán convertirse en hábiles narradores. Comience por ayudarles a escoger la historia que van a contar. Debe ser una que puedan relatar con sus propias palabras. Explíqueles las diferentes partes de la narración (introducción, cuerpo y clímax) y ayúdeles a comprender la trama. Para ellos será de gran ayuda un bosquejo y que practiquen la narración frente a un espejo. Anímeles para que intenten usar algunos de los principios descritos anteriormente. Haga todo lo que pueda para que el primer intento sea exitoso; pero hágales ver que es perfectamente normal equivocarse una que otra vez.

La enseñanza bíblica para los niños   139

Hay muchas otras formas de dar participación a los niños en la narración de historias. Permítales dramatizar la historia. Puede usarse un vestuario sencillo o incluso prescindir de él. Sin embargo, como a los niños les encanta disfrazarse, con tan solo algunas camisas y toallas usadas se puede representar a la mayoría de los personajes bíblicos. Anime a los alumnos a que dibujen escenas de la historia o que las moldeen de barro o con pedazos de cartón. Permítales contar la historia y poner figuras en el franelógrafo o hacer títeres con bolsas de papel imitando a los personajes.

El uso de la música

La música es un poderoso medio de comunicación. Puede entretener, mover, calmar y controlar. Puede usarse como un medio de instrucción, adoración y expresión. En la enseñanza de los niños usted puede usar la música de varias formas:

1. Para indicar un cambio de actividad. En una clase de párvulos o principiantes, tocar una determinada canción en el piano o ponerla en una grabadora, puede marcar el fin del tiempo de juego, el comienzo de la hora de la historia bíblica o el fin de la clase.

2. Para causar un estado de ánimo o ambiente especial. Use canciones alegres para dar la bienvenida a la clase. Para entrar en la adoración, use música más calmada. Durante el tiempo de la oración o de las actividades manuales use diferentes tipos de música de fondo.

140 Enseñanza que transforma

3. Para estimular un debate. Luego de escuchar fragmentos de alguna música sagrada o secular, pida que los alumnos intercambien ideas sobre su significado y efecto. Trate de que los niños entiendan el impacto de la música secular y sepan escoger la música que van a escuchar.

4. Para desarrollar talentos musicales personales. Pídale a cualquier alumno que esté aprendiendo a tocar un instrumento que presente un número especial en la clase o en el departamento. También anime a los niños para que desarrollen sus habilidades componiendo canciones.

Cuando piense usar la música en su clase tenga en cuenta los siguientes principios:

1. Procure el equilibrio. Escoja canciones de adoración, testimonio y dedicación. Incluya canciones evangelísticas, coros, fragmentos bíblicos e himnos.

2. Procure la variedad. Varíe el tiempo, el ritmo y el estilo de la música. Use canciones nuevas y canciones conocidas. Tenga un registro de las canciones que usted utiliza y revíselo. Cerciórese de que no esté usando las mismas excesivamente.

3. Procure la coordinación. Relacione las canciones entre sí y con el tema de la lección o del culto. Toda canción, al igual que cualquier otra parte de la lección, debe contribuir al logro de sus objetivos. No use la música como un "relleno".

4. Procure la calidad. Hágase las siguientes preguntas sobre la música que usted usa: ¿Está claro el significado de las palabras? ¿Pueden los

La enseñanza bíblica para los niños 141

alumnos entender el sentido de la canción? ¿Es una expresión precisa de la Palabra de Dios? ¿Hay relación entre la letra y la música? ¿Es una tonada fácil de cantar?

Al escoger música para los niños de edad pre escolar busque canciones que tengan de dos a cuatro versos. Las canciones repetitivas funcionan muy bien para esta edad, especialmente las que pueden cantarse de varias maneras con sólo cambiar unas pocas palabras. Escoja canciones con una tonada fácil, que no abarquen muchas notas y que no sean demasiado bajas. Para cantar con estos niños no siempre es necesario el acompañamiento musical. A ellos les gusta acompañar con instrumentos rítmicos y con palmadas.

Enséñeles a los niños mayores a apreciar todos los tipos de música de la iglesia. Estudie sobre los himnos clásicos y sus autores. Explique el mensaje doctrinal de las canciones que ellos cantan. Estimule a los niños para que compongan sus propias canciones. Anímeles para que dediquen sus dones musicales al Señor. Como se sugirió previamente, estimule a sus alumnos para que presenten música especial; pero asegúrese de que hayan practicado y lo hagan más o menos bien. Explíqueles que Dios espera que nos esmeremos cuando cantamos o tocamos para su gloria.

Tal vez usted quiera organizar un coro de niños para enseñarles los fundamentos del ministerio musical desde una edad temprana. Algunas casas de publicaciones ofrecen himnarios con música infantil. También hay muchos case-

142 Enseñanza que transforma

tes con música para niños que le pueden servir de ayuda.

El uso de láminas

Las láminas contribuyen de varias maneras en la enseñanza. Pueden usarse para ilustrar una historia o esclarecer una descripción verbal. Las láminas dan un sentido real de las cosas. Además, son baratas y pueden usarse en diferentes locales sin necesidad de algún equipo especial. Por el contrario, las láminas carecen de movimiento y profundidad y pueden resultar demasiado pequeñas para usarlas con eficacia en grupos grandes.

En la educación cristiana pueden usarse dos tipos de láminas: las láminas diseñadas específicamente para la iglesia y las láminas que provienen de otras fuentes como revistas, almanaques, periódicos, catálogos, postales, anuncios, panfletos y propagandas.

Al seleccionar las láminas pregúntese:

1. ¿Me ayudará esta lámina en el proceso de enseñanza y aprendizaje?

2. ¿Expresa esta lámina la verdad?

3. ¿Es interesante? ¿Estimula la imaginación? ¿Muestra acción?

4. ¿Tiene un punto de enfoque bien definido? ¿Está bien organizada? ¿Tiene buen uso de los colores?

5. ¿Es apropiada para la edad de mi grupo? ¿Se relaciona con lo que les interesa a mis alumnos?

Las láminas para los niños pequeños deben

La enseñanza bíblica para los niños 143

mostrar objetos y actividades que ellos conocen. Deben ser sencillas y con relativamente pocos detalles. La cantidad de detalles puede aumentar con la edad de los niños, y se usarán láminas más complejas para los niños mayores, los jóvenes y los adultos.

Para mejorar el uso de sus láminas, móntelas adecuadamente y archívelas. Confeccione marcos temporales usando papeles de colores, y para los marcos permanentes use como fondo carteles o cartones. Un marco de un color que haga juego o contraste con la lámina dirigirá la vista de los observadores hacia el centro de interés. La cola de caucho es un buen pegamento para montarlas, ya que puede eliminarse sin causar daño a las láminas o al marco. Rocíe la lámina con alguna laca transparente o cúbrala con una envoltura plástica, así la protegerá del polvo y de manchas causadas por el uso.

Inicie un sistema de archivo sencillo. Para comenzar, bastará con una caja grande y fuerte. Según aumente su colección, divida las láminas por categorías usando separadores de cartón o algo semejante. Almacene las láminas más pequeñas en un archivo común o en otra caja. Guarde las más grandes verticalmente.

Use las láminas como medios auxiliares para relatar historias bíblicas, historias misioneras o relatos de personajes. También para repasar, presentar nuevos temas, aplicar la verdad de las Escrituras a la vida y para aprender versículos o canciones de memoria. Use las láminas en los centros de interés, en cartelones y en tablillas informativas.

PARA ESTUDIO ADICIONAL

1. ¿Por qué los niños de hoy crecen bajo una presión muy intensa?
2. ¿Cómo puede usted contribuir en la preparación de los padres para que críen mejor a sus hijos?
3. ¿Cuáles de las cinco características señaladas en este capítulo ve en sus alumnos?
4. Mencione algo que usted puede hacer para mejorar su técnica de narración.
5. ¿Cómo puede usar la música de modo más eficaz en su clase?
6. ¿De dónde consigue usted sus láminas? ¿Cuál es la mejor fuente?

9

La enseñanza bíblica para jóvenes y adultos

La juventud de hoy vive en un mundo de cambios constantes bien diferente al que usted conoció cuando tenía su edad. Los jóvenes se quedan en casa por más tiempo y se casan siendo un poco mayores (casi tres años después de lo que se acostumbraba en la década de los años setenta).

Hoy la pubertad se alcanza en una edad temprana, cosa que hace un siglo ocurría de dos a cinco años más tarde. Los adolescentes se vuelven sexualmente activos mucho antes. Por regla general, un adolescente tiene su primera relación sexual a los dieciséis años de edad.

Esta es también la generación de jóvenes más opulenta que jamás se haya conocido. Y los medios de comunicación influyen poderosamente sobre la juventud. Cuando un adolescente finaliza sus estudios secundarios, habrá empleado varios años viendo televisión. Habrá visto ciento cincuenta mil escenas de violencia, entre ellas veinticinco mil asesinatos, y habrá visto y escuchado trescientos cincuenta mil comerciales. Los cantantes y los actores cinematográficos

146 *Enseñanza que transforma*

constituyen ídolos para la mayoría de los niños y los jóvenes.

CÓMO COMPRENDER A LA JUVENTUD DE HOY

Los jóvenes de hoy son mucho más pesimistas con relación a la vida que las generaciones anteriores. Para muchos el futuro parece funesto. Ellos se preocupan por conseguir un buen trabajo y tener una profesión; pero las expectativas son cada vez menores. Esta tendencia pesimista puede verse en el alarmante aumento de suicidios juveniles (la segunda causa de muerte entre los adolescentes y los jóvenes pre universitarios), y también en el tono melancólico y desesperanzado de la mayoría de las canciones de nuestra música popular.

La juventud de hoy es más conservadora que la de generaciones anteriores y tiende a seguir los principios morales y religiosos de sus padres. Pero todavía existen las diferencias generacionales y los jóvenes continúan luchando por independizarse y ser aceptados en el mundo de los adultos. Las relaciones interpersonales son muy importantes para los adolescentes. Ellos son muy leales a sus compañeros, y los compañeros ejercen gran influencia sobre ellos. Tienen una percepción de amor y odio hacia los adultos, y son escépticos con respecto a la autoridad de ellos; pero, no obstante, desean y necesitan de su dirección.

CÓMO ENSEÑAR A LOS ADOLESCENTES

Entonces, ¿cómo ministrar a esta generación de jóvenes? ¿Cómo se puede ganar la confianza

La enseñanza bíblica para jóvenes . . . **147**

de ellos y enseñarles? La mayor necesidad de la juventud es un profundo estudio de la Biblia; necesitan el discipulado. El solo hecho de anunciarles el evangelio no es suficiente; necesitan ayuda para crecer y madurar en la fe. Los adolescentes necesitan un estudio sistemático de la Biblia; necesitan saber qué creer y por qué; y hay que exhortarles a que definan su posición ante un mundo que marcha en dirección opuesta.

Los adolescentes también necesitan oportunidades para experimentar en carne propia lo que creen. Necesitan una fe práctica que pueda probarse en el fuego de la vida. La iglesia, en su ministerio a los jóvenes, tiene que proporcionar buenas oportunidades para que ellos trabajen y sirvan al Señor. Si los jóvenes fracasan (y de seguro ocurrirá), la iglesia tiene que ser un lugar a donde ellos puedan regresar, un lugar donde se les anime a conversar sobre sus problemas y a aprender de sus errores.

Es muy importante que los adolescentes tengan una buena relación con algún adulto que no sea ni la madre ni el padre. Según estudios hechos, tiene más valor quiénes son esas personas y no tanto su edad. Una encuesta entre alumnos de la secundaria revela que los maestros entre cuarenta y cincuenta años de edad eran los preferidos por ellos a la hora de buscar ayuda y consejo. Como maestro usted pudiera prepararse en ese ministerio y así llevar un cambio significativo a la vida de sus alumnos.

Otra vía muy eficaz para ministrar a los adolescentes es brindar preparación y ayuda a

148 Enseñanza que transforma

los padres. La mayoría de los jóvenes todavía consideran a sus padres como las personas de más influencia en su vida y, por lo tanto, respetan y aprecian su ayuda y consejo. Pero los padres necesitan que se les prepare mejor para la educación de sus hijos adolescentes. Los ministerios de la enseñanza educacional en la iglesia pueden contribuir a satisfacer esa necesidad.

EL MINISTERIO A LOS ADULTOS

Después de la Segunda Guerra Mundial se dividió a los adultos en tres categorías: adultos jóvenes, adultos de mediana edad y adultos de mayor edad. Cada uno de estos tres grupos tiene necesidades determinadas. En realidad, la adultez (desde la edad universitaria hasta los octogenarios) encierra muchos más cambios en cada dimensión de la vida que cualquiera de las etapas anteriores. Cada grupo de adultos tiene un número de tareas determinadas que cumplir.

Los *adultos jóvenes* están ocupados en la búsqueda de un cónyuge, de iniciar una familia, de tener hijos, de formar un hogar, de escoger una profesión y de desarrollar sus amistades. Los *adultos de mediana edad* tratan de establecer una norma de vida, ayudar a sus hijos para que avancen hacia la madurez, aprender a relacionarse con su cónyuge que ya no es el mismo que quince años antes, aprender a entenderse con sus padres que van envejeciendo, e incluso ya empiezan a pensar en su propia jubilación. *Los adultos de más edad* tratan de ajustarse a los cambios físicos, a la jubilación, a vivir con

La enseñanza bíblica para jóvenes . . . 149

menos recursos económicos, a una nueva norma de vida, e incluso a la muerte de su cónyuge o a la suya propia. Cada una de estas etapas de la vida ofrece retos y oportunidades para ministrar y transformar la vida de los adultos.

CÓMO ENSEÑAR A LOS ADULTOS

Los adultos están experimentando un renovado interés en la iglesia y sus ministerios educacionales. Una razón es su preocupación por la preparación espiritual de su familia. Ellos se han dado cuenta de que necesitan ayuda en su matrimonio y también como padres. A menudo se sienten cansados de los hábitos del mundo y desean que alguien los ayude a enseñar diferentes principios a sus hijos.

Una economía fluctuante produce inseguridad con respecto al futuro. Cuando sobrevienen tiempos difíciles, las personas se atemoriza y buscan algo que les ofrezca esperanza, algo que sea duradero; entonces vienen a la iglesia.

Todavía los adultos procuran las realidades espirituales y creen en lo sobrenatural. Lo que necesitan es un encuentro personal con el Dios viviente para que puedan experimentar la presencia de Él en sus vidas.

Lo que están buscando

Los adultos que vuelven a la iglesia buscan diferentes ministerios.

1. Los adultos desean una enseñanza práctica que les ayude a desempeñarse en la vida. Los adultos quieren que su fe funcione en la casa y

150 Enseñanza que transforma

en el trabajo, no sólo en la iglesia. Por eso buscan principios básicos que puedan aplicar en situaciones específicas. Concéntrese en estudios bíblicos que se relacionen con la vida diaria y enséñeles a sus alumnos a interpretar las Escrituras correctamente.

2. *A los adultos les gusta que se hagan bien las cosas.* Ellos quieren ser parte de un grupo que satisfaga sus necesidades con ministerios de calidad. Quieren que la iglesia funcione con la misma eficiencia que ven en todas partes. El lema de sus padres fue: "Con lo que tienes haz lo mejor que puedas." Pero el lema de esta generación es: "Un trabajo digno de hacerse, merece que se haga bien." Así que para enseñar con éxito a los adultos usted tiene que hacer un buen plan, prepararse bien y dar una buena clase.

3. *Los adultos quieren desarrollar buenas relaciones.* Ellos consideran las relaciones interpersonales como la dimensión más importante de la vida. En realidad, miden la vida de acuerdo con la forma en que se relacionan con los demás. En algunos casos, quieren que las relaciones sean tan perfectas que cuando no logran alguna, simplemente la abandonan y la intentan de nuevo con alguien diferente. Los adultos quieren experimentar su fe en compañía de otros. Ellos anhelan amar, reír, llorar, orar y preocuparse juntos. Concentre su enseñanza en relaciones tan importantes como éstas: entre esposos, entre padres e hijos, entre jefes y empleados. Trate de ser sensible y sincero para que sus alumnos

La enseñanza bíblica para jóvenes . . . **151**

puedan ver cómo usted se desempeña en esas esferas y cómo maneja sus éxitos y sus fracasos.

4. *Los adultos desean participar en el aprendizaje y en el liderazgo.* Elmer Towns señala que ellos están más interesados en aprender que en enseñar. Por eso, use métodos para el diálogo, como los debates en grupos, los paneles y los simposios. Los adultos también quieren participar en la fijación de metas, la solución de conflictos y la toma de decisiones. Una forma de obtener su participación es realizando frecuentemente encuestas y cuestionarios.

5. *Los adultos desean programas flexibles y actuales.* Cualquier cosa que suene tradicional o anticuada tiende a aburrirlos. El reto para el liderazgo es continuar produciendo nuevas ideas, nuevos cursos, nuevas clases. En ocasiones puede ser mejor ofrecer un curso de seis a siete semanas que uno de trece. Otra posibilidad son los seminarios intensivos de fin de semana. Los cursos en videos o en casetes les permiten estudiar cuando les sea más cómodo.

6. *Los adultos quieren saber acerca de los dones espirituales.* A ellos no se les puede motivar mediante la culpa o la persuasión; sin embargo, les interesa aprender cómo ministrar sus dones espirituales. Quieren saber en qué consiste la tarea y qué tienen que hacer para cumplirla. Obviamente la solución es ofrecer clases y seminarios a corto plazo sobre el tema. Además, cuando les hable acerca de cómo servir en una esfera determinada, asegúrese de tener una descripción de trabajo actualizada. Su petición de

152 Enseñanza que transforma

reclutamiento debe basarse en la realización personal, no en el deber o la obligación.

Más métodos para jóvenes y adultos

El uso del debate

Los métodos de discusión son de los más eficaces para enseñar a los jóvenes y los adultos. A la gente le gusta hablar, así que este método los estimula a hacerlo productivamente. Ocasionalmente usted puede oír a un maestro que pregunta: "¿Cómo puedo lograr que mis alumnos participen en clase? Les hago preguntas y simplemente se quedan sentados . . ." Si eso le sucede a usted, lo primero que debe hacer es tratar de descubrir por qué sus alumnos no hablan. Para algunos tal vez sea simplemente un problema de costumbre. Por años se les dijo que se sentaran tranquilos e hicieran silencio. Ahora, luego de un largo tiempo adaptándose a eso, están totalmente condicionados a evitar la participación.

Para otros alumnos el problema puede ser que su participación en ocasiones anteriores no fue una experiencia positiva. Quizá uno o dos alumnos dominaban el intercambio de ideas o se producían fuertes desacuerdos. En otras ocasiones el intercambio de ideas no llegó a conclusión definitiva y los alumnos sintieron que era una pérdida de tiempo. Quizá alguna vez se aventuraron a responder y luego se sintieron apenados porque no era la respuesta que el maestro quería. Ahora ellos recuerdan el repetido y frecuentemente errado cliché: "Mejor es quedarse calla-

La enseñanza bíblica para jóvenes . . . 153

do y que crean que uno es tonto que estar hablando para que lo confirmen."

Algunas veces los métodos de debate no funcionan porque el ambiente no es apropiado. Por ejemplo, muchas de las clases de adultos se reúnen en el templo. La disposición de los bancos no permite la interacción y la habitación resulta demasiado grande para escuchar claramente a otros.

Una vez comprendido el problema, analicemos algunas soluciones.

1. *Muestre a sus alumnos que usted sinceramente desea su participación.* Esto puede llevar tiempo, pero finalmente su manera de actuar les convencerá. Exprese su agradecimiento por todos los comentarios hechos, especialmente los de alguien que no habla frecuentemente.

2. *Cuando le den una respuesta incorrecta, trate de usar la parte correcta de la misma y pida algún otro criterio.* O simplemente diga: "Bueno, eso es algo en lo cual no había pensado antes. ¿Alguien más quiere decir algo?" Algunas veces es bueno asumir la culpa por una pregunta mal hecha. Así el alumno no se siente mal por dar una respuesta incorrecta.

3. *Cuando haga una pregunta, espere algunos segundos antes señalar a alguien para que responda.* Si no recibe una respuesta, vuelva a hacer la pregunta o contéstela usted mismo. Recuerde que una pregunta bien pensada requiere una respuesta bien meditada. Así que déles tiempo a los alumnos para pensar. No le

154 Enseñanza que transforma

tema al silencio; puede ser uno de los momentos más productivos de su clase.

4. Escriba de antemano las preguntas para el intercambio de ideas. No dependa de la inspiración momentánea. No haga preguntas demasiado simples; puede estar arriesgándose a insultar la inteligencia de sus alumnos. Asimismo, preguntas demasiado complejas no obtendrán una respuesta. Usualmente es mejor centrar el debate en asuntos con los que sus alumnos puedan identificarse y en los cuales pueden participar personalmente.

5. Planee una buena introducción para el intercambio de ideas. Puede usar una historia con final inconcluso, plantear una situación para resolver, un hecho actual, una representación dramática o un ejercicio de "¿A favor o en contra?".

6. Como maestro, es su tarea controlar el debate. Eso quiere decir que usted no está obligado a dejar el debate en manos de algún alumno que opine demasiado. Por el bien del grupo, debe poner a tales alumnos todo el freno necesario. En ocasiones, incluso, será preciso recordarles que no pueden monopolizar el intercambio de ideas. A veces es mejor nombrar a alguien específico o simplemente decir: "Vamos a oír la opinión de alguien que no haya dicho nada."

7. Elija cuidadosamente sus métodos de discusión. Si los alumnos están renuentes a hablar, escoja a algunos para desarrollar un panel. Proporcióneles algunas preguntas que repasarán de antemano. Si su clase es grande puede dividirla

La enseñanza bíblica para jóvenes ... 155

en grupos de seis a ocho alumnos. Si su clase se reúne en un auditorio, divida a los alumnos en parejas con dos a tres minutos para el intercambio de ideas. Cuando quiera obtener muchas respuestas, use las conversaciones en grupos o el método de búsqueda de soluciones. Un ejercicio de "¿A favor o en contra?" constituye un buen modo de presentar un tema y generar una discusión animada.

El uso de proyectos y tareas

Ambos constituyen vías muy eficaces para enseñar a los jóvenes y los adultos porque hacen participar a los alumnos en actividades de aprendizaje directo y proporcionan una vía de expresión y servicio. Además, contribuyen al desarrollo de talentos para el liderazgo, promueven la cooperación y el compañerismo entre los alumnos y contribuyen para que la enseñanza sea mucho más divertida, interesante y duradera.

Finley Edge divide los proyectos y las tareas en cuatro categorías fundamentales basadas en sus objetivos de aprendizaje.

1. Los proyectos de información llevan a los alumnos al dominio de una información determinada. Esto incluye, por ejemplo, investigación de antecedentes históricos, examen de posiciones teológicas, resumen de un libro, compilación de versículos sobre un tema determinado, respuestas a un cuestionario y recopilación de las notas tomadas durante el trimestre.

2. Los proyectos de actitudes les ayudan a los

156 Enseñanza que transforma

alumnos a desarrollar ciertas actitudes. Esos proyectos incluyen visitas al hospital o a la cárcel; recorrer un barrio marginal; registrar opiniones de los compañeros de la Escuela Dominical, los hermanos de la iglesia, los amigos de la escuela, o en el centro de trabajo; y compilar un listado de respuestas personales a un pasaje determinado de la Biblia.

3. Los proyectos de conducta sirven para que los alumnos desarrollen o cambien ciertos hábitos. Esto incluye, por ejemplo, iniciar una campaña para que los alumnos se sienten en los primeros bancos del templo o para que sean más reverentes en la iglesia, comenzar un programa para la lectura regular de la Biblia, hacer una evaluación personal de un aspecto de debilidad espiritual, y hacer una lista con motivos de oración para recordar durante la semana.

4. Los proyectos de servicio llevan a los alumnos a ayudar a los demás, como expresión de la vida cristiana. Esos proyectos pueden incluir: preparar regalos para reclusos y misioneros, asesorar una campaña de envíos de cartas, ayudar con diferentes trabajos a los ancianos, colaborar para el embellecimiento del templo, dirigir cultos en una cárcel o en un asilo y fomentar un proyecto de recaudación de fondos.

Numerosos proyectos de escritura pueden usarse con los jóvenes y los adultos.

1. Completar oraciones. Déles a los alumnos varios planteamientos para completar, tales como: "En la clase de hoy aprendí que . . ."; "Esto significa que necesito . . ."; "Durante la semana voy a . . ."

La enseñanza bíblica para jóvenes . . . 157

2. Evaluación personal. Reparta una lista de planteamientos o preguntas a las que deben responder los alumnos. Las preguntas pudieran responderse con una escala que indique el grado de aprobación o necesidad. Por ejemplo: "Leo la Biblia (5) todos los días, (4) casi todos los días, (3) frecuentemente, (2) de cuando en cuando, (1) casi nunca."

3. Proyecto artístico. Los alumnos pueden hacer calcomanías o prendedores para solapas como promoción para una campaña, pueden dibujar una tira de caricaturas o algún diagrama, o hacer un afiche o una tabla cronológica.

4. Diario. Pídales a sus alumnos que hagan un diario personal o de algún personaje bíblico, quizá como el que Daniel o Pedro pudieran haber escrito.

5. Artículo periodístico. Los alumnos pueden escribir una nota o anuncio de periódico como pudiera haber aparecido en una publicación local durante los tiempos bíblicos.

6. Paráfrasis. Pídales a sus alumnos que escriban una paráfrasis personal de algún pasaje bíblico, poniendo con sus propias palabras el significado.

7. Cartas. Los alumnos pueden escribir una carta dirigida sí mismos en la cual mencionan alguna meta espiritual que les gustaría alcanzar. Deben sellar la carta, ponerle dirección y entregársela a usted. Envíelas durante la semana o al final del trimestre.

8. Respuesta sensorial. Pida que los alumnos lean una historia bíblica y anoten los colores, los olores, el sabor, los sonido y la sensación que el

158 Enseñanza que transforma

incidente les trae a la mente. Pídale a cada alumno una explicación de su elección.

9. *Acróstico*. Pídales a los alumnos que desarrollen un acróstico con palabras o frases comenzando con la letra de alguna palabra clave, como *agradecido* o *libertad*.

El uso de diagramas y esquemas gráficos

Estas son herramientas muy útiles para enseñar a los jóvenes y los adultos. En los diagramas usualmente se colocan datos numéricos y estadísticos, revelando así tendencias significativas y variaciones. Existen distintos tipos de diagramas y esquemas gráficos: diagramas de líneas dibujadas sobre cuadrículas, diagramas de barras para presentar comparaciones y diagramas de círculos para mostrar la relación entre el todo y las diferentes partes. Use los diagramas para reportar la asistencia, comparar los ingresos y los gastos, proyectar el crecimiento de la iglesia, etcétera.

Un esquema gráfico es una representación visual con palabras, números o ilustraciones. Puede ser tan sencillo como una lista de los libros de la Biblia, o tan complejo como una comparación entre los reinos del Antiguo Testamento y el ministerio de los profetas. Los esquemas son muy útiles para resumir información, aclarar relaciones y visualizar una idea.

Hay muchos tipos de esquemas. Un *esquema organizativo* muestra las relaciones funcionales. Ofrece una vista completa de un programa u organización. El *esquema bosquejado* organiza el

La enseñanza bíblica para jóvenes...

contenido en muchos puntos y sub puntos y es muy útil en la enseñanza. Los *diagramas* también son un tipo de esquema. Consisten en dibujos condensados que representan cosas como un área, un esbozo o características clave. Un *esquema de tiempo* muestra una secuencia de sucesos y la relación entre un suceso y otro. Es una vía de visualizar un período de tiempo específico.

Los recuadros pueden usarse de diversas maneras para enseñar a los jóvenes y los adultos. Por ejemplo, utilice un recuadro para bosquejar un libro de la Biblia, para hacer una lista de los puntos principales de un estudio bíblico, o para hacer un diagrama de un pasaje bíblico. Emplee un recuadro simple para contar una historia bíblica o para ilustrar la secuencia de los acontecimientos de los últimos tiempos. Use un recuadro cuadriculado para explicar la triple obra de Cristo como profeta, sacerdote y rey.

PARA ESTUDIO ADICIONAL

1. ¿En que difiere la juventud de hoy de las generaciones anteriores?
2. ¿Cómo puede usted darles a los jóvenes más oportunidades para poner en práctica su fe?
3. ¿Qué cambios debe hacer la iglesia para ministrar más eficientemente a los adultos?
4. ¿Qué métodos de debate funcionan mejor con sus alumnos?
5. ¿Qué proyectos escritos ha probado usted con sus alumnos?

160 Enseñanza que transforma

6. ¿Por qué son los diagramas y los esquemas gráficos herramientas eficaces en la enseñanza de los jóvenes y los adultos?

10

Las prioridades
de la enseñanza bíblica

Es posible que usted domine plenamente las técnicas de la enseñanza eficaz de la Biblia y aun pase por alto las prioridades en las cuales se basa: mantener la Biblia como el enfoque central de su ministerio, y esforzarse por llevar a sus alumnos a una relación personal con Jesucristo como su Señor y Salvador. Estas prioridades producen un cambio para toda la eternidad.

La Biblia como centro de enfoque

¿Cuánto tiempo de la clase emplearon sus alumnos la semana pasada en un estudio verdadero de la Biblia? Mucho de lo que sucede en el aula no tiene que ver con el uso de la Biblia. Para que ella sea verdaderamente su libro de texto al enseñar, usted debe darle más uso en el aula.

El uso eficaz de la Biblia comienza con el ejemplo que usted da. Sus alumnos deben ver que usted y otros directivos traen la Biblia a la clase y al templo. Hábleles de vez en cuando a sus alumnos sobre cómo usted lee la Biblia en sus lecturas devocionales y en su preparación como maestro. Muestre también el debido respeto por la Biblia, llevándola reverentemente y pasando las hojas con cuidado. No amontone

162 Enseñanza que transforma

libros y otros papeles sobre la Biblia. A través de su ejemplo, hasta los niños que todavía no saben leer aprenderán el respeto por la Palabra. Otra forma de enseñar el respeto por la Palabra de Dios es tener una Biblia grande en un lugar prominente del aula o el departamento.

El aula es también un buen lugar para enseñar la importancia de la vida devocional diaria. Promueva un programa de lecturas bíblicas para estimular la lectura de la misma fuera del aula. Asigne tareas para la semana y mantenga un registro de las lecturas bíblicas de sus alumnos en un esquema gráfico en el aula. El trabajo de memorización también puede ser parte del programa. Reconozca y premie a los alumnos que lo cumplan.

La Biblia tendrá más significado para sus alumnos en la medida que ellos comprendan su historia, organización y estructura. Explique cómo obtuvimos la Biblia y ayúdeles a los alumnos más jóvenes para que aprendan los libros de la Biblia y su división en Antiguo y Nuevo Testamento. Ayúdeles a los alumnos mayores a comprender cómo las diferentes partes de la Biblia se relacionan entre sí. Por ejemplo, sería provechoso saber cómo los profetas del Antiguo Testamento encajan en la historia de Israel y Judá. Las epístolas podrían estudiarse con relación a las iglesias o individuos a quienes fueron dirigidas.

Los intermedios, los adolescentes, los jóvenes y los adultos necesitan aprender a estudiar la Biblia mediante los métodos deductivo e induc-

Las prioridades de la enseñanza bíblica **163**

tivo. El método deductivo comienza con una idea o doctrina y luego va a la Biblia para su confirmación. El inductivo comienza con un pasaje bíblico antes de expresar ideas y llegar a conclusiones. Otros métodos de estudio de la Biblia que los alumnos deben aprender son los temáticos, biográficos, históricos y gramaticales. Después de estudiar estos métodos bajo su dirección y con su estímulo, sus alumnos podrán usarlos en su casa.

Ellos también deben aprender cómo usar las referencias, cómo encontrar lugares bíblicos en un mapa y cómo usar la concordancia, el diccionario bíblico (para buscar conceptos o palabras desconocidas) y el manual bíblico (para una información general sobre los diferentes libros de la Biblia).

Tal vez el método más común de usar la Biblia en el aula es leer el texto que corresponde con la lección. Para impedir que esto se convierta en una práctica superficial, pruebe variados métodos.

1. Pida que los alumnos lean al unísono.

2. Pida que un alumno lea todo el pasaje.

3. Tenga una lectura alternada.

4. Pida que dos o más alumnos lean el diálogo y que un narrador lea los detalles descriptivos.

5. Forme una lectura coral, señalando partes para solos y para lecturas en grupo.

6. Pida que los alumnos lean los versículos en diferentes versiones o paráfrasis.

7. Ponga un casete con el pasaje correspondiente.

164 Enseñanza que transforma

Diez formas de incluir la Biblia en su enseñanza

1. Ponga tonadas a versículos de la Biblia. La Biblia se hace más interesante y se recuerda más fácilmente cuando se le pone una tonada a cierta porción y cuando las canciones se basan en verdades y hechos bíblicos. Use canciones bíblicas para la introducción de la lección, para aprender un versículo de memoria o para concluir la lección. Permita que los alumnos compongan sus propias melodías para versículos seleccionados. Use discos o casetes con canciones y coros basados en las Escrituras.

2. Use preguntas de examen. Use preguntas orales y escritas para repasar el contenido bíblico de lecciones anteriores, para generar participación y para motivar el estudio de la lección. Además, los alumnos pueden hacerse preguntas unos a otros. Si hay programas de preguntas bíblicas en su iglesia u otra, anime a sus alumnos a participar en esas competencias bíblicas.

3. Use juegos bíblicos. Los juegos son una forma divertida para que los alumnos se familiaricen con los hechos, la gente, los lugares y los sucesos bíblicos. Confeccione sus propios juegos sencillos como "¿Quién soy?" o "¿Quién lo dijo?", o adapte juegos como el esgrima bíblico, los crucigramas y las charadas. Los programas de preguntas en la televisión pueden ser adaptados como actividades para aprender la Biblia. También se pueden comprar ciertos juegos bíblicos en una librería cristiana.

4. Marque pasajes bíblicos. La Biblia tendrá más significado para sus alumnos si ellos mar-

Las prioridades de la enseñanza bíblica 165

can pasajes significativos. Anímelos a subrayar versículos con un bolígrafo o lápiz, o sombrearlos ligeramente con lápices de colores. Los diferentes colores pueden servir como códigos para asuntos específicos: rojo para salvación, azul para el cielo, verde para sanidades, etcétera. Marque los versículos para memorizar en las Biblias de los niños de manera que los puedan encontrar durante la semana.

5. *Haga referencias en cadena*. Ayude a los alumnos mayores a seleccionar varios temas, como la salvación, el Espíritu Santo o la fe, y desarrollar una referencia en cadena para esos temas en sus Biblias. Esta se hace escribiendo la segunda referencia junto al primer versículo, la tercera referencia junto al segundo versículo, y así sucesivamente. Este sistema es muy útil al dar testimonio cuando se explica el plan de salvación. Provea recursos para el estudio como una concordancia o una Biblia con referencias en cadena.

6. *Estimule la memorización de pasajes*. Con niños pequeños use versículos sencillos y cortos, o porciones de un versículo. Asegúrese de explicar cualquier palabra que ellos no comprendan. Dedique tiempo para repasar los versículos que sus alumnos han aprendido anteriormente. Los primarios pueden aprender un versículo nuevo cada semana, mientras que los intermedios pueden emprender un programa de memorización más extenso. Anímelos a aprender porciones completas como el Padrenuestro, las bienaventuranzas y el Salmo 23. Estimule a los jóvenes y

166 Enseñanza que transforma

los adultos a continuar memorizando las Escrituras. Para facilitar el estudio, déles tarjetas pequeñas para escribir en ellas los versículos.

7. *Parafrasee pasajes.* Los alumnos desde la edad de los intermedios pueden escribir un pasaje con sus propias palabras. Esta técnica les ayuda a pensar en el significado del pasaje y a participar activamente en la lección.

8. *Copie pasajes.* Establezca una meta en su clase para copiar alguna porción de la Biblia. Anime a los alumnos por separado para que se hagan responsables de alguna parte de la porción designada. Provea papel y lápices o permita que cada alumno escoja su propio tipo y tamaño de papel. Usted pudiera presentar la porción completa al pastor en un culto de la iglesia.

9. *Haga casetes bíblicos.* Escoja un libro de la Biblia o un pasaje y responsabilice a diferentes alumno para que graben partes del mismo en un casete. Los niños mayores o las clases de jóvenes pudieran intentar hacer una dramatización bíblica con narrador, las partes del diálogo y los efectos de sonido.

10. *Tenga grupos de estudio.* Esta técnica funciona bien con los niños mayores, los jóvenes y los adultos. Divida la clase en grupos de cuatro a seis alumnos. Dé una información general del pasaje bíblico y reparta a cada grupo algunas preguntas de guía, como: ¿A quién fue escrito el pasaje? ¿Por qué? ¿Cuándo? ¿Qué condiciones de aquel tiempo son similares a las de hoy? ¿Cómo podemos aplicar la enseñanza del pasaje? Conceda de cinco a diez minutos para que respondan

Las prioridades de la enseñanza bíblica 167

y luego pida un informe de cada grupo. Este método les ayuda a los alumnos a aprender buenos principios del estudio de la Biblia que pueden usar en su estudio personal.

El evangelismo como punto de enfoque

Una encuesta entre trescientas iglesias reveló un hecho desconcertante: más de la mitad de los maestros encuestados no habían guiado un alma a Cristo en un año. Sencillamente no había habido evangelismo en el aula.

Problemas y principios

La mayoría de los educadores cristianos estarían de acuerdo en que el aula es un lugar ideal para guiar a los alumnos a Cristo; sin embargo, sí presenta problemas que pueden obstaculizar el trabajo de evangelismo. Por ejemplo, sus alumnos pudieran poner de manifiesto amplios conocimientos y necesidades espirituales. Algunos pudieran conocer bien la Biblia, mientras que otros pudieran carecer aun de los conocimientos bíblicos más elementales. Algunos alumnos pudieran responder a cada invitación, sintiendo que necesitan recibir la salvación cada vez que hacen algo malo. Los niños pudieran responder a una invitación simplemente para agradar a su líder, porque están cansados de estar sentados, o porque otros han respondido. Por otro lado, los jóvenes y los adultos pudieran no responder porque otros no lo hacen. Los niños pudieran no comprender algunos de los términos simbólicos y abstractos que usted usa para expli-

168 Enseñanza que transforma

car la experiencia de salvación. Fácilmente se puede estimulados demasiado y pueden responder únicamente por miedo al castigo.

Los siguientes principios pueden ayudarle a superar estos problemas:

1. *Presente el mensaje de manera sencilla*. Elimine términos abstractos y simbólicos que puedan no ser entendidos. Mantenga el mensaje tan literal como sea posible.

2. *Haga preguntas para averiguar por qué sus alumnos han respondido a la invitación*. Trate de determinar su comprensión de la experiencia de salvación. Explique la diferencia entre ser salvo y pedir perdón por hacer algo malo. Enfatice que la salvación se basa en lo que dice la Biblia, no en nuestros sentimientos.

3. *Enfatice el amor de Dios*. Cuando invite a sus alumnos a aceptar a Cristo evite una apelación excesivamente emocional, especialmente si trabaja con niños. Ellos necesitan saber que Dios los ama y desea que lleguen a ser parte de su familia.

4. *Trate con sus alumnos individualmente*. En el marco del aula, el evangelismo de masas no es tan eficaz como el método individual. Hable personalmente con cada alumno para determinar sus necesidades y su comprensión de la salvación.

5. *Pida una acción fuera de lo tradicional*. En lugar de pedir a los que desean aceptar a Cristo que pasen al frente, pídales que permanezcan sentados y despida al resto del grupo. Será me-

Las prioridades de la enseñanza bíblica 169

nos probable que los alumnos acepten al Señor simplemente por la presión de los demás.

Cómo presentar el evangelio a los niños pequeños

El ministerio a los niños de la edad de cuna se concentra, por supuesto, en evangelizar a sus padres. Use esa oportunidad para lograr que se den cuenta de cuán importantes son para el desarrollo espiritual de sus hijos. La conversión puede ocurrir en los años pre escolares, pero eso es la excepción, no la regla. Por lo tanto, ponga un fundamento en el que se puedan construir experiencias futuras. Ayude a los pre escolares a comprender que Dios los ama, que Jesús es el Hijo de Dios, que Él vino a ser su amigo y ayudador, y que Jesús se pone triste cuando ellos hacen algo malo. Esté atento y trate en forma individual con los niños que muestran interés por conocer más sobre cómo recibir a Cristo.

Cómo presentar el evangelio a los niños de edad escolar

Muchos niños de la edad de los primarios podrán comprender el evangelio y responder a él; pero algunos tal vez no estén listos todavía. Cuando los niños llegan a la edad de los intermedios, cada uno debe estar listo para una experiencia de conversión. En realidad, a esa edad se le llama muchas veces "la época de oro" para el evangelismo entre los niños.

El siguiente esquema gráfico explica cómo llevar el evangelio a los primarios y los intermedios:

170 Enseñanza que transforma

PRIMARIOS (de seis a ocho años)	INTERMEDIOS (de nueve a once años)
Enfatice el amor de Dios	Enfatice la justicia y la rectitud de Dios
Hábleles sobre cómo formar parte de la familia de Dios	Hábleles acerca de tomar decisiones para la vida y la eternidad
Use un lenguaje sencillo	Use más abstractos y simbolismos
Use sólo una historia o ilustración	Use ilustraciones que enfaticen acción y aventura

La edad responsable

Varios factores determinan cuándo un niño llega a ser responsable ante Dios por su salvación.

1. Antecedentes del hogar. Un niño de un hogar cristiano comprenderá las cosas espirituales más rápidamente que uno de una familia que no es de la iglesia. Él también tendrá más oportunidades para responder a Cristo.

2. Madurez mental. Aunque la salvación no es una materia de intelecto, hay que comprender algunos hechos básicos. Un niño de mentalidad avanzada comprenderá esos conceptos más pronto y se dará cuenta de su necesidad de salvación a una edad temprana.

3. Sensibilidad espiritual. Algunos niños son más sensibles a lo espiritual que otros, tal vez debido a uno de los dos factores anteriores. Esos niños responderán más pronto que otros que no son tan sensibles.

Las prioridades de la enseñanza bíblica 171

Cómo presentar el evangelio a los jóvenes

La juventud es un tiempo de preguntas y decisiones. Los adolescentes tienen inquietudes sobre su identidad, su aceptación y su manera de actuar ante la presión de sus compañeros y la presión de los adultos. Muchos saben que la vida es más que acumular cosas o ganar popularidad. Ellos buscan dirección y reaccionarán ante un liderazgo de amor y comprensión. Usted debe reconocerlos como personas decididas y ayudarles a encontrar su identidad como gente amada y aceptada.

Los jóvenes a veces se avergüenzan de mostrar sus sentimientos o de ser señalados o puestos como punto de enfoque. Por lo tanto, un acercamiento personal es a menudo más eficaz que apelar al grupo. No trate de forzar a los jóvenes hacia una experiencia de salvación. En vez de eso, pídale al Señor que le ayude a desarrollar una sensibilidad al Espíritu Santo y confíe en Él para que haga su obra y a su manera.

Cómo presentar el evangelio a los adultos

Los adultos son los jefes del hogar, del mundo de los negocios y de la comunidad. Cuando ganamos a los adultos para Cristo a menudo tenemos familias enteras. Los adultos, tanto dentro como fuera de la iglesia, están buscando la realidad. Están comprometidos con metas, relaciones, necesidades familiares y el futuro. Sin embargo, algunas barreras para aceptar la salvación son los hábitos arraigados y el estilo de vida, el endurecimiento del corazón, el descuido de asis-

172 Enseñanza que transforma

tir a la iglesia, una comprensión espiritual limitada, y una renuencia al cambio.

Es más probable que los adultos respondan a alguien que ha ganado su confianza, alguien a quien consideran su amigo. Ayúdeles a comprender que aceptando a Cristo mejorarán sus relaciones, especialemente las relaciones familiares. Hágales saber tanto los beneficios de la salvación como el costo de seguir a Cristo. No trate de amenazar ni presionar a los adultos para tomar una decisión; no hace falta la coerción. Cuando el Espíritu Santo hace su obra, la decisión será completa y duradera.

Su metodología para los adultos y los jóvenes debe tener un triple enfoque:

1. *Intelecto*. Reconocimiento del pecado y la aceptación de la salvación por la fe.

2. *Sentimientos*. Arrepentimiento del pecado, y amor y confianza en Dios.

3. Voluntad. Renuncia al pecado y determinación de seguir a Cristo.

Principios para la consejería y el seguimiento

Cuando un alumno se le acerque con la inquietud de entregarse al Señor, o cuando responda a una invitación en la clase o en la iglesia, siga estos principios:

1. Demuestre simpatía. Trate al alumno por su nombre. Sonría y muéstrese complacido porque ha acatado a la invitación.

2. *Haga varias preguntas para determinar la comprensión que tiene del plan de salvación*. Averigüe por qué respondió a la invitación o

Las prioridades de la enseñanza bíblica **173**

llamamiento. Pregúntele si comprende el significado de recibir a Cristo como su Salvador.

3. *Use algunos versículos de la Biblia para señalar el camino de la salvación.* Si está hablando con un niño, use sólo uno o dos versículos, como Juan 3:16; 1 Juan 1:9; o Apocalipsis 3:20.

4. *Anime al alumno a hacer una sencilla oración de arrepentimiento, pidiéndole a Cristo que entre en su vida.* Usted pudiera sugerir algunas cosas que él debe decir, pero trate de eliminar la frase: "Repite conmigo . . ." Ayude al alumno a comprender que la oración es sencillamente hablar con Dios y que no requiere experiencia previa.

5. *Después que el alumno haya orado, hágale varias preguntas para determinar el impacto y la realidad de su experiencia.* Repase el plan de salvación si no está seguro de que lo comprende. Ayúdele a basar su fe en lo que dice la Biblia, no en sus sentimientos. Ore por el alumno, agradeciéndole a Dios por salvarlo. De esa forma usted comienza a afirmarlo en su experiencia.

6. *Apunte la fecha de la conversión del alumno.* Si tiene una Biblia, sugiérale que escriba la fecha en una de las hojas en blanco. Eso sirve para subrayar el significado de su experiencia.

7. *En cuanto salga del aula o del templo, busque alguien a quien el alumno pueda contar su experiencia.* Debe ser alguien que se regocijará con él, como otro maestro o el pastor. Esta será la primera oportunidad del alumno para dar testimonio de su fe en Cristo.

8. *Dé breves instrucciones al alumno sobre la*

174 Enseñanza que transforma

necesidad de orar, leer la Biblia, llevar una vida santa y testificar. Marque algunos versículos en su Biblia, incluyendo los que usted leyó con él. Sugiérale que comience a leer la Biblia en el libro de Marcos.

9. Ayúdele al alumno a comprender que la conversión es el comienzo de una vida de servicio a Cristo. Si asiste a su clase déle una tarea especial para hacer.

10. Si el alumno es un niño, hable con sus padres tan pronto como sea posible sobre la decisión que ha tomado. Esté al tanto de oportunidades para guiar a Cristo a cualquier miembro de la familia no convertido. Déle al alumno algún material de seguimiento o de estudio que tenga disponible la iglesia.

PARA ESTUDIO ADICIONAL

1. Mediante su ejemplo, ¿qué lecciones importantes puede enseñarles a sus alumnos sobre el respeto a la Biblia?

2. ¿Cómo puede usted adiestrar a sus alumnos en el uso de ayudas para el estudio bíblico?

3. ¿Cómo puede motivar a sus alumnos para memorizar más pasajes bíblicos?

4. ¿Qué problemas encuentra a veces al tratar de guiar a sus alumnos a aceptar a Cristo como su Salvador?

5. ¿A qué edad cree usted que los niños llegan a ser responsables ante Dios por su salvación?

6. ¿Por qué es importante que usted llegue con el evangelio a los adultos?

Bibliografía

Libros de ayuda para el maestro

A través de la Biblia. Myer Pearlman
Atlas bíblico. Charles Pfeiffer
Atrévete a disciplinar. James Dobson
Biografías de grandes cristianos (Tomos 1 y 2). Orlando Boyer
Cómo orar por los hijos. Quin Sherrer
Cómo estudiar la Biblia. James Braga
Cómo hablar en público sin temor. Dianna Booher
Concordancia breve de la Biblia.
¿Cuál camino? Luisa Jeter de Walker
Diccionario manual de la Biblia. Merrill C. Tenney
En busca de la madurez. J. Oswald Sanders
En esto creo. Charle Crabtree
Enseñando con éxito en la escuela dominical. Myer Pearlman
Escuela dominical dinámica, La. Elmer Towns
Fundamentos para el educador evangélico. William Martin
Hacia el conocimiento del Antiguo Testamento. Stanley Ellisen
Lectura eficaz de la Biblia, La. Gordon Fee y Douglas Stuart
Libro siempre nuevo, El. José Silva Delgado
Lo que nos dice la Biblia. Henrietta Mears.
Más que cuatro paredes. Carlos Jiménez
Medida del cristiano, La - Tito. Gene Getz
Medida del cristiano, La - Filipenses. Gene Getz
Métodos de enseñanza. Luisa Jeter de Walker

176 Enseñanza que transforma

Mundo del Antiguo Testamento, El. Packer, Tenney y White

Mundo del Nuevo Testamento, El. Packer, Tenney y White

Por qué creo. D. James Kennedy

Prepárese para enseñar. G. Raymond Carlson

¿Quién yo? ¡Dirigir el estudio bíblico! Mary Ann Martínez

Tal vez no sea como usted piensa. David Downing

Teología sistemática. Myer Pearlman

Usted es testigo de Cristo. Billy Graham y Rebecca Manley Pippert

Vida diaria en los tiempos bíblicos, La. Packer, Tenney y White

¡Vivan los títeres! Judy Bartel de Graner, y Maritza y Sara Segura